나는 얼마나 틀어박히는 힘이 있는가?

다음 문항 중 해당되는 것에 체크해보세요!

_____ 친구들과 대화할 때 억지로 말을 주도하지 않는가?

_____ 여럿이 함께 생각하는 것보다 혼자 생각하는 것을 더 선호하는가?

_____ 친구를 여럿 사귀는 것보다 몇몇 친구들과 깊은 관계를 갖는가?

_____ 다른 사람이 나를 어떻게 평가하든 신경 쓰지 않는가?

_____ 주변이 소란스러워도 자신만의 페이스를 지킬 수 있는가?

_____ 혼자서 영화관에 가는 것에 거부감이 없는가?

_____ 온종일 사람을 만나지 않아도 외롭지 않고 즐거운가?

_____ 가끔 휴대폰을 꺼놓는 것이 편한가?

_____ 혼자서 여행하는 것을 즐기는가?

_____ 의식적으로 약속을 잡지 않는 날을 만드는가?

_____ 갑자기 약속이 취소되면 오히려 기쁜가?

_____ 회사에서 혼자가 될 수 있는 시간이나 공간을 확보하고 있는가?

_____ 아침이나 밤 등 시간을 정해 혼자만을 위한 시간을 보내고 있는가?

_____ 가고 싶지 않은 회식이나 만남을 거절할 수 있는가?

_____ 내가 하고 싶은 일에 강한 열정을 가지고 있는가?

_____ 회사 생활이 삶의 전부가 아니라고 생각하는가?

_____ 생활에 지나치게 얽매이지 않고, 내가 진짜 하고 싶어 하는 일에 시간을

쓸 수 있는가?

_____ 의식해서 인맥을 넓히지 않으려고 해도 자연스럽게 동료가 생기는가?

_____ 지금 잘 이해가 되지 않는 사람도 언젠가는 이해할 수 있다고 믿는가?

_____ 현재의 자신에 만족하고 삶이 즐거운가?

답은 다음 페이지에 있습니다

틀어박히는 힘 테스트 결과

●16개 이상: 당신은 '틀어박히는 힘'에 능숙한 사람!

환경이나 타인에게 의존적이지 않고 자립적입니다. 자기 내면과 깊은 관계를 맺고 소통하고 있으며, 자신감도 있습니다. 삶에 행복하고 만족합니다. 일과 비즈니스를 진행할 때도 진취력이 강하고 창조적인 경우가 많습니다. 단, 혼자만의 시간만큼이나 다른 사람들과의 시간도 즐길 줄 알아야 보다 충실한 삶을 살 수 있다는 점을 명심해야 합니다.

●9~15개: '틀어박히는 힘'의 중요성을 알고는 있지만...

자신과 마주하는 시간의 중요성을 알고 있지만, 아직 삶으로 체화되지는 못하고 있습니다. 종종 주변 일에 신경 쓰느라 올바른 결단을 못할 수도 있습니다. 자신과 마주하는 시간을 늘린다면 좀 더 충실한 삶을 살 수 있을 것입니다.

●8개 이하: '틀어박히는 힘'에 대해 익힐 필요가 있습니다.

주변의 의견을 지나치게 신경 쓰거나 타인이나 환경에 휘둘릴 수 있습니다. 혼자만의 시간을 가진다는 것에 대해 두려움을 가지고, 타인에게 의존적이지만 관계를 맺는 데 서툴거나 스트레스를 받을 수도 있습니다. 책을 읽고 틀어박히는 힘을 좀 더 기를 필요가 있습니다.

틀어박히는
힘

틀어박히는
힘

이치무라 요시나리 지음 ◉ 편설란 옮김

페이퍼로드
paperroad

부담스러운 인간관계 대신
틀어박혀라!

세상에는 여러 가지 고민이 있습니다. 하지만 원인을 세세히 파고들다 보면 그중 대부분이 인간관계에서 비롯됐다는 것을 알 수 있습니다. 세상을 떠들썩하게 만든 사건들의 원인은 대부분 인간관계의 변화나 악화에 기인합니다. 극단적으로 말하면 사람이 다른 사람과 엮이게 되는 순간부터 고민이나 문젯거리가 생긴다고 할 수 있습니다. 만약 사람이 하루 24시간, 그 누구와도 접촉하지 않은 채 생활한다고 가정해 봅시다. 어쩌면 우리가 겪고 있는 스트레스의 대부분이 줄어들지 모릅니다. 실제로 우리는 다음과 같은 고민과 걱정을 가질 때가 많습니다.

- 친구나 동료를 더 많이 만들어야 할 텐데….

- 회의 분위기를 망치지 않으면서 내 의견을 제시할 방법이 없을까?

- 가기 싫은 회식이지만 참석하는 편이 좋겠지?

- 친구와 함께 있는 게 좀 피곤하지만, 겉돌지 않으려면 같이 있어야 하겠지?

- 친구가 SNS에 글을 올렸는데 댓글이라도 달아야겠지?

어떤 사람은 이런 것이 고민의 축에도 끼지 못한다고 생각할지 모르겠습니다만, 이것들은 소소해 보여도 실제로 많은 이들을 고통스럽게 하고 있는 문제들입니다. 사실 저 역시 어릴 적부터 사람들이 잘 이해하기 어려운 고민을 가지고 고통을 받아온 사람 중 한 명입니다. 어릴 적부터 내성적이라 사교적이지 않았고, 친구들과 어울려 장난치고 노는 것도 좋아하지 않았습니다. 게다가 초등학교 때 아버지의 사업이 부도나면서 일가족이 야반도주를 해야 했고 사회로부터 떨어지게 되어 더욱 낯을 가리는 성격으로 자라나게 되었습니다. 성격은 더욱 움츠러들었고, 그 때문에 인생에서 세 번이나 '히키코모리引き籠もり(사회생활에 적응하지 못하고 집안에만 틀어박혀 사는 병적인 사람들을 일컫는 용어)'가

되어 은둔했습니다.

다음 장에서 자세하게 설명하겠지만, 내성적이고 히키코모리 경력도 가지고 있던 저는 지금 성공한 사업가가 되었습니다. 초등학교 때 게임 제작 사업을 시작해, 스물셋에는 국내외를 아우르는 법인 회사를 설립한 경영자가 되었고, 지금은 개인과 기업을 상대로 IT 컨설팅을 해 유통총액이 2천억 엔에 이릅니다. 사회적으로 어느 정도 성과를 거두고 있는 것이죠. 인간관계를 맺는 데 서툴렀음에도 불구하고 말입니다.

세상 사람들이 상상하는 성공한 기업체의 사장은 어떤 모습일까요? 사원들을 이끌고 결속시키는 리더십과 카리스마를 갖춘 사람? 아니면 발표나 영업을 잘하는 사람? 대화를 매끄럽게 잘 하고 만나는 누구에게든 사랑받는 그런 활발한 사람을 상상할지도 모르겠습니다. 안타깝게도 저는 앞서 말한 어떤 유형에도 들지 않습니다. 사람을 만나는 데 쓰는 시간보다 자신을 위해 쓰는 시간이 소중합니다. 열정적으로 사람들과 만나 대화를 한다거나 술을 한잔하며 비전을 공유하는 일 같은 것은 하지 않습니다. 하지만 그럼에도 불구하고 지금까지 경영자로서 착실하게 임해왔고 나름의 성과도 거두었다고 자부합니다. 어떻게 가능했을까요? 이 책에서 제가 찾은 해답을 여러분께 알려드리려 합니다.

저는 이 책에서 '틀어박히는 힘'의 중요성에 대해 말할 생각입니다. 대부분의 경우, 틀어박힌다는 것은 칭찬받을 일이 아닐지 모릅니다. 부모님이나 동료들을 희생시키면서까지 완전히 고립되는 히키코모리는 저 역시 반대합니다. 하지만 하루에 30분 또는 1시간 정도, 주변의 정보나 관계를 차단하고 자기만의 시간을 가지게 된다면 마음으로부터 우러나오는 중요한 목소리를 들을 수 있으리라 생각합니다. 저 역시 그런 방법을 통해 정말로 충실하고 두근거리는 하루하루를 보내고 있습니다. 제가 이렇게 꿈을 이룬 것은 모두 이 '틀어박히는 힘' 덕분입니다. 이 책은 사교적이지 않고 인간관계가 힘든 사람, 그렇지만 내면에 이루고자 하는 꿈과 열망을 지닌 사람, 바로 당신을 위해 썼습니다. 내면에 잠들어 있는 진짜 당신과 마주하고 대화함으로써 불필요한 인간관계를 애써 만들어 스트레스를 받지 않으면서, 행

복하게 살아가며 성공을 거둘 수 있는 방법을 지금부터 알려드

리겠습니다.

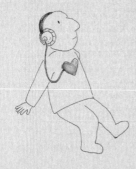

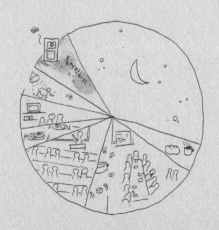

제1장

인간관계를 고민하는 것은
시간낭비다

인간관계,
영원한 골칫덩이?

시간을 들여 고민을 해서 해결되는 일도 있지만, 오랫동안 고민하고 다른 사람과 상담을 해도 잘 해결되지 않는 일도 있죠. 바로 인간관계가 그렇습니다.

이 문제에 있어서만큼은 고민하는 것이 시간낭비라고 생각합니다. 왜냐하면 우리는 바로 눈앞에 있는 사람의 생각조차 알 수 없기 때문입니다. 즉, 모든 유형의 인간관계 문제를 속 시원하게 풀 수 있는 정답은 없습니다. 정답 없는 문제를 붙들고 고민한다고 해서 답을 찾을 수는 없는 노릇이겠지요.

솔직히 말하면 저는 어렸을 때부터 다른 사람과 의사소통에 서툴렀습니다. 낯을 심하게 가리고 내성적이어서 반에서도 존재감이 없는 아이였습니다. 저는 다른 사람이 가진 가치관이나 규칙을 알아내거나 그것에 적응하는 데 소질이 없었습니다. 누가 만들었을지도 모를 가치관이나 규칙을 도대체 왜 따라야 하는지 늘 의문이었습니다.

특히 학교에서는 모두가 따라야만 하는 규칙이 있었습니다. 어디에도 적혀 있지 않지만, 언젠가부터 그렇게 정해져 있고 모두가 묵묵히 따라야만 하는 룰이 너무 많았습니다. 저는 그것이 절대적으로 옳은 것일 리 없다고 생각했지만, 내성적이고 소극적인 성격인지라 말로 표현하지는 못했습니다. 아마 다수결로 결정되었을 수도 있고 선생님들이 그렇게 정한 것일 수도 있겠지요. 아무튼 저는 마치 눈에 보이지 않는 쇠사슬로 몸이 칭칭 감겨 있는 듯한 느낌을 받았었습니다.

그렇게 숨 막히는 상황에서도 거의 저항하지 않았습니다. 자유라든지 활발함과 같은 말과 먼 그저 틀에 박힌 듯한 생활을 하며 시간을 보냈습니다. 공부를 잘 하지도 못했고 재미있는 이야기를 하는 재주도 없었습니다. 다리가 빠르거나 운동을 잘 하지도 못했습니다. 각자 재능을 가진 아이들이 '주인공'으로 하루하루 살아가는 동안, 저는 어떠한 이야기의 주인공도 될 수 없었습니다. 그저 다른 사람의 눈에 띄거나 어울리지 않도록 행동했고, 대화를 하더라도 되도록 간단하게 했습니다. 매일 그런 태도로만 생활했습니다. 당연히 친구가 있을 리 없었죠. 대화를 하는 사람은 반에서 두셋 정도였고, 나머지와는 말 한 마디 제대로 섞지 못했습니다. 큰 불만은 없었습니다. 그저 저를 알아주는 사람하고만 어울리면 된다는 생각이었으니까요. 제 의견을 입 밖으로 꺼낸 적이 없었기 때문에, 아마 주변에서는 제가 어떤 생각을 하고 사는 건지 모르겠다고 생각했을 겁니다.

칸사이關西 사람들은 싹싹하고 붙임성 좋은 성격으로 알려져 있지요. 대체로 어떤 모임에서든 사회자를 도맡아 하려는 경우가 많습니다. 지원자가 여럿이 되면 한 사람씩 돌아가며 앞으로 나와서 이야기를 하도록 시키는데, 만약 이야기가 재미있지 않으면 정말로 분위기가 심각해집니다. 진심으로 비난당하는 경우도 많지요. 웃자고 하는 일인데 전혀 웃을 수 없게 되는 거죠.

그런 분위기 속에서 저는 용케도 살아남았습니다. 사실 원래 조용했던 제 성격이 더 심해진 이유는 아버지의 사업 실패 때문이었습니다. 말 그대로 온 가족이 산으로 야반도주를 할 정도였으니까요. 도저히 친구를 부를 수 없는 폐가 같은 오두막이 우리 가족의 보금자리였기 때문에, 제가 히키코모리가 된 것은 어쩌면 자연스러울 수도 있겠죠.

일가족이 야반도주,
첫 번째 틀어박힌 삶

온 가족이 야반도주를 했을 때, 왜건^{wagon} 자동차 한 대에 구겨 넣은 물건들 중에 컴퓨터 한 대가 있었습니다. 지금으로부터 30년도 더 된 일이라, 아마 당시에는 상당한 고가의 물건이었을 겁니다. 바로 그 컴퓨터 한 대가, 말 그대로 제 인생을 완전히 뒤바꾸어 주었습니다.

저와 제 친형은 나이 터울이 열 살이나 납니다. 앞서 말한 컴퓨터는 형이 부모님께 받은 물건이었기 때문에, 형이 집에 있을 때에는 제가 그것을 사용할 수 없었습니다. 저는 형이 학교에 가서 집을 비웠을 때에서야 몰래몰래 쓰곤 했지요. 집 근처에는 친구도 없었고 가지고 놀 만한 장난감도 없었기 때문에 유치원 생 때부터 많은 시간을 컴퓨터 앞에서 보냈습니다. 원래 내성적 이었던 저는 혼자서 지내는 시간이 전혀 지루하지 않았습니다. 오히려 굉장히 행복하고 알찬 시간이었습니다. 스트레스를 받으 며 누군가와 이야기하려 애쓸 필요도 없었고 눈치를 볼 필요도 없었습니다.

그렇게 오랜 시간을 컴퓨터 앞에 앉아 있다 보니 교재도, 누군가 가르쳐 주는 사람도 없었는데도 컴퓨터에 굉장히 익숙해 지게 되었습니다. 초등학생 때는 간단한 컴퓨터 프로그램 같은 것을 만들 수도 있게 됐지요. 당장 그런 것으로 돈을 벌고자 한 것은 아니었습니다만, 분명한 것은 그렇게 컴퓨터 앞에 앉아 있 던 시간이 저에겐 사업가로서의 기초를 다지는 시간이었습니다. 만약 다른 아이들처럼 매일 친구들과 공놀이를 하거나 숨바꼭질 만 했다면 사업가로서 성공한 지금의 저는 있지 않았을지도 모 릅니다.

컴퓨터를 능숙하게 다루게 되고 지식도 점점 늘어 갔지만 그와 비례하여 사람들과의 교류는 줄어들었습니다. 1980년대의 일본은 지금보다 훨씬 아날로그적이었고, 컴퓨터가 사람들의 일상에 영향력을 갖는 일은 별로 없었습니다. 전철을 탈 때에도 개찰구에서 역무원이 직접 표를 확인했으니까요. 무언가를 살 때에는 카드나 모바일 기기 같은 것을 이용하는 게 아니라 모두가 지갑에서 현찰을 꺼내 지불했습니다. 자동개찰구도 사이버머니도 없었죠. 가게에 가면 주인아주머니가 주판알을 튕기고 있던 모습이 지금도 생생합니다.

그러한 시대의 컴퓨터 소년이었기 때문에 굉장히 마니악했었죠. 사실 지금이라면 컴퓨터를 잘 다루고 프로그램도 만들 줄 안다고 하면 굉장하다는 칭찬을 받을 수도 있겠습니다만, 당시에는 어느 누구도 이해해주는 사람이 없었습니다. 앞서 말한 대로 집이 산골짜기에 있었기 때문에 거의 반쯤은 산신령과 같은 생활을 보내고 있었습니다.

하지만 저는 그런 산신령 혹은 히키코모리 같은 틀어박힌 생활에서도 얻은 것이 있었습니다. 이전까지 '친구와도 제대로 지내지 못하는 틀려먹은 놈'이라고 생각했던 스스로를, '나만이 할 수 있는 일이 있을 수도 있겠다'라고 희망적으로 여길 수 있게 됐기 때문입니다. 컴퓨터를 능숙하게 다룰 수 있게 되면서 혼자만의 시간은 즐거운 시간 그리고 나 자신과 마주할 수 있었던 시간이 되었고, 내 안의 무언가를 발견할 수 있었던 순간이었습니다.

퇴사 후
두 번째 틀어박힌 삶

저는 스무 살 무렵 IT 계통의 회사에 취직했습니다. 일은 무척 재밌었지만 인간관계에 대해서는 어릴 때와 전혀 달라진 게 없었습니다. 상사의 술자리 권유, 동료와의 인간관계, 조례나 의미 없는 미팅 혹은 집단행동…. 뭐 이런 것들을 싫다고 생각하면서도 무리하지 않고 그냥 맞춰가려고 노력했습니다. 제게는 부모님이 남긴 빚이 있었습니다. 전부 제가 갚아야 하는 것은 아니었지만, 피할 수 없는 몫도 있었습니다. 회사 생활이 잘 맞지 않는다고 그냥 그만둬 버릴 수 없었죠.

하지만 빚을 갚아야 하는 생활은 월급을 받는 단순한 회사원 생활만으로는 도저히 턱도 없는 일이었습니다. 그런 상황이었기 때문에 입사와 동시에 인터넷으로 부업을 시작했습니다. 다음 장에서 자세히 설명하겠지만, 그 부업은 제게 새로운 가능성을 열어주었습니다. 처음에는 돈을 좀 더 벌고자 부업으로 가볍게 시작한 일이 제 삶을 즐겁게 만들어주었고 몸도 더욱 바빠지기 시작한 것입니다.

　　부업이 안정적인 사업궤도에 오를 때쯤, 저는 부업을 보다 본격적으로 해보자는 결심을 하게 되었습니다. 그때까지의 인간관계 대부분을 단절하는 것은 물론 회사까지 그만두었지요. 제 인생 두 번째로 '틀어박히는 생활'을 시작하게 된 거죠.

　　사무실 겸 주거지로 쓰는 곳은 다다미 세 장 정도 넓이의 제 방이었습니다. 1층은 닭꼬치 집이었는데, 제 사무실은 2층에 있어서 매일 닭꼬치 연기와 냄새가 창문 틈새로 들어오고는 했습니다. 그런 상황에도 불구하고 스트레스 받는 인간관계에서 해방된 저는 '틀어박힌 생활'에 흠뻑 빠질 수 있었습니다. 중고로 산 VAIO 노트북 초기 모델을 어딘가에서 주워온 탁자 위에 놓고, 침대 겸 소파에 앉아 업무를 보았습니다. "인터넷과 컴퓨터만 있으면 일할 수 있다!" 이렇게 생각했습니다. 그때가 1997년이니까 제 나이 스물 셋일 때군요.

그때부터 2년 정도 집 겸 사무실에 틀어박혀 묵묵히 일하고 생활하는 시간이 계속되었습니다. 사람들과는 거의 만나지 않았습니다만 하고 싶은 일의 형태가 나날이 구체적으로 잡혀 나가는 것이 즐거웠습니다. 2년은 꽤 긴 시간처럼 생각되겠지만 지금 생각해 보면 정말 순식간이었습니다. 사업과 관련된 책들도 닥치는 대로 읽었고, 인터넷에서는 사업을 위한 지식을 익혔습니다. 그런데 어느 날 다음과 같은 생각이 들었습니다. "정말 이래도 괜찮을까?" 오랫동안 가지고 있던, 낯을 가리고 내성적인 저 자신에 대한 콤플렉스를 극복하고 싶어진 것입니다.

억지로 다닌
개그 교실

저는 틀어박혀 있던 생활을 청산하고 '일반적인 사회생활'을 다시 한번 시도하기로 마음먹었습니다. 자기계발 세미나에 참석했고, 사업 교류회나 커뮤니케이션 교실에도 참석했습니다.

사람들과 더욱 친해지고 싶었습니다. 아니, 이제는 사람들과 사이좋게 지내지 않으면 안 된다고 생각했습니다. 사람들이 저를 호의적으로 생각하지 않으면 안 된다고 생각했습니다. 자기계발 세미나에 가면 열정적으로 자기소개를 하고, 지금 생각하면 정말 부끄러울 정도로 자기 PR을 열심히 했습니다. 사실 맞지 않는 것을 억지로 열심히 한다고 성과가 제대로 나는 것은 아니지만, 당시엔 할 수 있는 한 저 자신을 최대로 열정적인 사람으로 만들고 싶었습니다.

하지만 그렇게 열심히 생활을 하다가도 일상으로 돌아오면 늘 우울함에 빠지게 됐습니다. 하지만 내성적이고 낯가리는 건 좋지 않다는 생각을 지울 수는 없었어요. 다른 사람과 의사소통을 제대로 못 한다면 연애는 물론이거니와, 사업도 제대로 할 수 없을 거라는 부정적인 생각에 사로잡혀 있었습니다. 조금 무리가 되기는 했지만, 그렇게 '열정적인 사람'이 되려는 노력은 결실도 조금 맺었습니다. 낯선 사람들이 있는 곳에 계속해서 얼굴을 비춘 덕에 꽤 다양한 사람들과 사귈 수 있게 됐으니까요. "내 가치를 정하는 것은 타인이다" 당시에는 정말 그렇게 생각했습니다. 다른 사람들에게 정말 인정받고 싶었어요. 스트레스를 다소 받더라도 지금처럼 계속 노력하지 않으면 안 된다고 생각했습니다.

그렇지만 결국 모임의 이름이나 목적은 달라도 내용은 사실 별로 다르지 않습니다. 워크숍을 하거나, 발성 연습을 하거나, 대화를 하거나… 몇백 명 앞에서 혼자 큰 소리를 내게 하는 프로그램도 있습니다. 그 순간에는 기분이 고양되고 뭔가 바뀐 듯한 느낌도 받지만, 혼자 있게 되면 공허함이 밀려오게 됩니다. 사실 늘 그렇게 억지로 기분을 업 시키고 난 후 집으로 돌아갈 때쯤이면, 늘 스스로에 대한 회의감에 빠지게 되었습니다. "대체 뭘 위해 이런 걸 하고 있는 거지?"

사람이 달라지려면 어쩔 수 없다고 생각하면서도 힘든 것은 정말 사실입니다. 짧은 시간 안에 성격이 완전히 바뀌는 일은 거의 없죠. 오히려 열심히 성격을 바꾸려고 노력할수록 저 자신을 부정하고 있는 것 같아서 정신적으로 힘들었습니다.

"지금 모습으로는 안 된다. 바뀌지 않으면 안 돼."
"왜냐하면 내가 글러먹었으니까…."

사실 이런 생각을 가지고 있으면 어떤 일이든 제대로 될 리 없습니다. 지금 모습보다 더 나은 모습이 되어야 한다는 말을

들을수록, "그렇다면 역시 지금의 나는 안 되는구나"하는 생각
에 자괴감에 빠지게 되는 것입니다.

　확실히 다양한 모임과 세미나 경험을 통해 인간관계든 뭐
든 다양한 것들을 보고 배울 수 있었기 때문에 모든 경험이 쓸데
없는 것은 아니었습니다. 어떨 때는 정말 '나와 다른 내 자신'이
될 때도 있었으니까요. 이때의 경험으로 예전보다는 훨씬 다른
사람을 대하는 것이 편하게 되기는 했지만 문제가 전부 해결된
것은 아니었습니다. 결국 20대 후반이 되어서야 무리해서 남들
에게 밝아 보이려는 모습은 원래의 내가 아니라는 사실을 깨달
았습니다.

　저를 아시는 분들은 믿기 어려우시겠지만, 이 시절의 저는
개그 교실에도 다녔었습니다. 인기 있던 콩트 콤비와 동기였던
사람이 가르치던 수업이었는데, 삼단 오치オチ(반전 개그), 보케 츠
코미ぼけ つっこみ(일본 전통 희극인 만자이漫才에 등장하는 용어로, 보케는 바
보 역할을 하는 사람, 츠코미는 거기에 핀잔을 주어 웃음을 유발하는 역할을
하는 사람이다), 모노 보케物ぼけ(작은 물건을 사용해 바보 연기를 하는 개

ㄱ) 같은 것을 배웠습니다. 엄격한 선생님 앞에서 제가 생각한 개그를 펼치는데 항상 심하게 비난당하고는 했습니다. 개그 전문가로부터 직접 지도를 받는 것은 좋은 경험이었습니다만 개그맨이 되고 싶었던 것도 아니고, 단지 다른 사람에게 조금 더 호감을 사고 의사소통 능력을 향상시키고 싶었을 뿐인 저에게는 가혹한 시간이었습니다.

개그 교실에서의 시간은 지금 생각해도 너무 부끄럽습니다. 칸사이 사람이라도 모두 화술에 능하고 재미있게 말할 수 있는 것은 아닙니다. 브라질이 월드컵을 몇 번이나 들어올린 축구를 잘 하는 나라라고 해도, 모든 브라질 사람이 축구를 잘 하지는 못하는 것처럼 말입니다. 제 자신이 그런 사람이 아닌데 바보 연기를 하거나 츠코미 같은 개그를 한다고 해서 제대로 할 수 있을 리 없고 피로만 쌓일 뿐이었죠. 그 시간은 제가 어떤 사람인지 다시 한 번 확인하는 시간이 되었습니다.

중요한 것은
내면의 평가

제가 참여했던 대부분의 모임이나 세미나의 핵심은 같았습니다.

당신의 부족한 부분을 채웁시다.

소극적이고 수동적인 자세를 능동적인 자세로 바꿉시다.

즉, 일단 부정적인 생각에서 시작해 '지금 모습 그대로는 안 된다. 자, 모두 변합시다'라고 말하는 것뿐입니다. 물론 그런 것이 잘 맞는 사람들도 있겠지만 저에게는 너무나도 힘든 일이었습니다. 외부의 평가에 의존하고 그것에 '잘 맞는' 사람이 되는 방식으로 억지로 의사소통하는 것은 어렵다는 것을 다시금 깨달을 수 있었습니다. 그런 외부의 평가를 억지로 신경 쓰는 것보다 나 자신의 기준에, 내면의 평가에 충실한 것이 중요하다는 사실도 깨닫게 되었습니다. 그런데 저에게 잘 맞지도 않고 결과도 생각만큼 크게 거두지 못했으면서도 저는 왜 그런 모임을 계속 나갔을까요? 그만큼 본래의 제 자신에게 자신이 없었던 것이지요.

변하고 싶다면 먼저 그렇게 되고 싶은 롤 모델을 발견하자는 말이 있죠. 사실 저도 롤 모델로 삼고 싶은 사람이 있었습니다. 예컨대 배우 사토 코이치佐藤浩市가 연기하는 캐릭터처럼 책임감 있고 중후한 멋진 어른이 되고 싶다고 말입니다. 제가 독립해서 경영자가 된 것은 스물세 살 때 일입니다. 너무 젊은 나이였기 때문에 사람들에게 얕보이지 않기 위해 나이도 서른 살이라고 속이고, 사토 코이치의 말투나 행동을 흉내 내기도 했습니다. 그래도 제가 사토 코이치가 될 수는 없었습니다.

혹시 잘생긴 배우 흉내는 얼굴까지 따라할 수는 없기 때문일까? 이런 생각에 세간에 화제가 되었던 경영자라든지, 아무튼 본받고 싶은 사람들을 바꿔 보기도 했습니다만, 모두 제대로 될 리 없었습니다. 표면적으로는 그 사람들의 장점을 잘 따라하고 있는 것처럼 보일 때도 있었지만, 무리해서 따라하는 것은 역시 오래 지속될 수 없었습니다. 누군가를 따라한다는 것은 '내가 아닌 나'를 연기한다는 것이고, 어떤 틀에 자신을 억지로 맞추는 일입니다. 불편할 수밖에 없지요. 애초부터 그렇게 불편하고 스스로를 속이는 행위를 통해 얻을 수 있는 대인관계가 제대로 잘 지속될 수 없는 것이 당연합니다.

다양한 모임이나 세미나에 참가하면서 제가 느낀 것은 장기적으로는 외부에서 받는 자극이나 강제로 주입된 동기부여만 가지고는 어떠한 것도 변하는 것이 없다는 사실이었습니다. 당신은 더 잘 할 수 있다, 꼭 바뀔 수 있다. 이런 식의 말을 듣는 것만으로는 진정한 변화가 이루어지지 않습니다. 중요한 것은 역시 내 자신에게서, 내면으로부터 우러나와야 하는 것입니다. 설령 훌륭한 행동을 했다고 하더라도 그것이 '남이 시켜서' 하는 것이라면 큰 의미가 없을 것입니다.

　20대부터 온갖 모임과 세미나에 출석했던 저는, 서른 살이 되었을 때 어떤 사람이 되어 있었을까요? 의사소통에 능숙하고, 카리스마 있는 멋진 사람? 아닙니다. 저는 단지 다양한 모임이나 세미나에서 배운 '기술'을 구사하면서, 그런 인간을 '연기'하고 있었을 뿐입니다. 세련된 사무실에서 20명 남짓의 직원을 부리는, 누가 보더라도 번듯한 회사의 사장으로서 조례 시간에 직원들 앞에서 폼을 잡고 연설을 하기도 했습니다. 하지만 언젠가부터 회사 설립 당시의 두근거림은 사라져 있었습니다. 회사에 나가도 늘 직원들과 의사소통에 능숙하면서도 카리스마를 잃지 않는 사장을 흉내 내야 했기 때문에 매일매일이 스트레스였습니다.

　게다가 사원이 늘어나고 회사 규모가 커지자 회사 자금을 윤택하게 하기 위해 제가 하고 싶지 않아도 해야만 하는 일들이 늘어나게 되었습니다. 혼자만의 시간은 점점 더 사라졌습니다. 나 자신을 위해서가 아니라 회사를 위해, 사원들을 위해 일하고 있는 것처럼 느껴졌습니다. 언제인가부터 샐러리맨 시절보다 훨씬 더 극심한 스트레스를 느끼게 되었습니다. 결국 외면만 흉내 내거나 바꾸어서는 진짜 자신을 찾을 수 없었던 것입니다. 저는 누군가 진짜 행복을 찾기 위해 변화를 바란다면 사실 외부의 평가나 모양새는 크게 중요하지 않다고 말해주고 싶습니다. 외부의 시선을 신경 쓰기보다 먼저 자기 내면의 목소리에 귀기울이고 스스로 어떤 사람이고 어떨 때 행복한지 평가를 내려 보아야 합니다. 행복의 기준은 바로 자기 안에 있는 것이니까요.

세 번째로
틀어박히다

회사를 운영하는 일에 나날이 스트레스를 받던 중 마침내 저는 제가 경영하던 회사를 해산하기로 결정했습니다. 사업이 한창 확장되고 있던 시기였지만 회사의 주축이던 사람의 퇴사를 계기로 결단을 내린 것입니다. 신뢰하고 있던 사람이 돌연 제 곁을 떠나게 되자 극심한 배신감을 느꼈습니다. 당시의 저로서는 굉장히 충격적인 일이었고, 인간 전체에 대한 불신까지 이어질 정도였습니다.

그렇게 잘 나가던 종업원과 사업체를 조금씩 정리하고, 인생 세 번째의 '틀어박힌 생활'에 들어가게 되었습니다. '이제 누군가를 위해 일하는 것은 관두자, 회사는 나 혼자만, 사무실은 집, 24시간 내가 하고 싶은 일에만 집중하자.' 이렇게 생각했습니다. 당시의 저는 누구와도 엮이지 않고, 모든 시간을 제가 하고 싶은 일에만 쓸 수 있다는 데 행복감을 느꼈습니다. 어떠한 고통도 스트레스도 없었습니다.

동기부여라는 것은 무엇일까요? 내 안에서부터 우러나오는 '두근거림'을 느끼는 것, 그것을 하고 있으면 즐거워서 미칠 것 같고 시간이 흘러가는 것조차 잊게 만드는 것, 아마 그런 것이겠죠. 그것은 다른 사람으로부터 '여기요'하고 받을 수 있는 것이 아닙니다. 결국 문제를 받더라도, 그것에 적합한 답을 찾는 것은 자신입니다. 마음 속 깊은 곳에서부터 자연스럽게 격동적인 마음이 우러나와야 하는 것이지요.

'나는 하고 싶은 것이 아무것도 없어.' '하고 싶은 게 있지만... 어려울 것 같아.' 요즘에는 이렇게 생각하는 청년들도 많다고 합니다. 하지만 이들은 앞서 제가 말한 '두근거리는 마음'을 느끼게 된다면 반드시 무엇인가를 할 수 있을 것이라 생각합니다. 이 책의 맨 처음에서, 저는 "사람이 다른 사람과 엮이면 고민이나 문젯거리가 생긴다"고 말했습니다. 그러나 지금 사회에서 일반적으로 통용되는 '사람과 사귀는 행위'는 미래에는 점차 없어질 것이라 생각합니다. 불특정 다수인 '모두'를 의식해서 그들 모두와 사이좋게 지내기 위해 눈치를 보는 행위는 필요 없는 시간낭비라고 단언할 수 있습니다. 그보다는 자기 마음에서부터 우러나오는 두근거리는 일을 적극적으로 해나가야 한다고 생각합니다. 다른 사람의 눈치를 보는 데 시간을 소모하는 것보다 틀어박히는 힘을 통해 자기 내면과 마주하면서 정말 하고 싶던 일, 행복할 수 있는 방법을 찾아야 합니다.

히키코모리,
가장 실속 있던 시간

히키코모리라는 말이 있습니다. 일본 후생노동성^{厚生労働省}
(한국의 보건복지부, 식품의약품 안전처, 노동부에 해당하는 업무를 맡은 일본
정부의 부서)의 정의에 따르면 다음과 같습니다.

일을 하거나 학교에 가지 않고, 가족 이외의 사람과 교류를 거의 안 하
면서, 6개월 이상 계속해서 집에 틀어박혀 있는 상태. 때때로 장을 보기
위해 외출하는 경우도 히키코모리에 포함된다.

이 정의에 따르면, 회사를 정리해 축소시킨 다음 집에 틀

어박혀 있던 당시의 저는 틀림없는 히키코모리였습니다. 히키코모리 생활을 하면서 하루 중 절반 이상은 인터넷 영상만 보고 있었습니다. 아침에 눈을 떠도 옷도 갈아입지 않은 채 컴퓨터 앞에 앉았습니다. 수염은 깎을 때도 있고 그대로 둘 때도 있었습니다. 침대와 컴퓨터 사이를 가로막는 것이 아무것도 없는 온라인과 오프라인의 구별이 없는 상황이었습니다. 인터넷 영상을 보고, 음악을 듣고, 배가 고프면 배달을 시켰습니다. 보통 3일 정도는 집에 틀어박혀 밤낮 없는 생활을 해 집 밖에 나갈 일은 거의 없었지요. 물론 가끔씩 집 밖에서 테니스를 치기도 하고, 라이브 공연을 들으러 가기도 했습니다. 당시 유일하게 힘들었던 것은 은행에 가는 일 정도였습니다. 그때에는 지금처럼 인터넷뱅킹이 발달되지 않았기 때문에 업무를 처리하기 위해서는 은행에 꼭 가야만 했습니다. 아무튼 이 정도를 제외하고는 전적으로 제가 좋아하는 것만 했습니다.

일할 기분이 들 때에도 하고 싶은 일만 했습니다. 많은 사원을 거느리며 사업을 운영했을 때에는 하기 싫은 일도 매출을 위해서 조직을 위해서 하지 않으면 안 되었습니다만, 혼자가 되니 그러한 고통으로부터도 해방될 수 있었지요. '이제 하기 싫은 일은 안 해도 된다, 하고 싶은 일만 하면 된다.' 그렇게 생각한 순간, 안에서부터 '하고 싶은 일'이 마구 흘러넘치게 되었습니다. 하고 싶은 일을 하는 데 시간을 들이는 것이 아깝다거나 즐겁지 않을 리 없었습니다. 전에는 사장으로서 영업과 관리가 주 업무였지만, 이제는 창의적인 일을 마음껏 할 수 있었습니다.

회사를 운영하고 있을 당시 사귀고 있던 여자 친구도, 또 많은 친구들과도 점점 연락을 끊게 되었습니다. 뭔가 표면적인 인간관계라고 느껴졌기 때문입니다. 아마 제가 인간적으로 미숙한 탓일 수도 있겠지요. 아무튼 저는 주변의 잡음으로부터 멀리 떨어져서, 나만을 위한 시간을 갖는 일이 무엇보다 중요하고 필요했습니다.

그렇게 3년 정도 히키코모리 생활은 지속되었습니다. 고객과의 미팅도, 컨설팅 작업도 모두 온라인 메일이나 미팅을 통해 처리했습니다. 다른 사람의 계획에 얽매이거나 사람들이 빽빽하게 들어찬 지하철로 출퇴근하면서 시간을 낭비하는 일도 없었습니다. 그야말로 자유롭게 일하는 것이 가능했고, 많은 신규 사업 아이디어를 생각해내고 또 시도하는 나날이었습니다.

다음
걸음으로

히키코모리 생활에 들어가기 전, 저는 제 자신을 싫어했었습니다. 그래서 스스로를 바꾸고자 했고 각종 세미나에 다니게 된 것이죠. 다른 사람들로부터 어떻게 보이는지 신경 쓰이고 자신감이 없었기 때문에 '나'와 대면하는 것이 두려웠습니다.

하지만 히키코모리 생활을 3년간 하면서, 제 마음속의 무언가가 바뀌기 시작한 것을 느꼈습니다. 하고 싶었던 것을 사업에 직결시키고 그것이 성과를 거두고 수입으로 이어지자, 점점 스스로에 대한 자신감이 생기기 시작했습니다. 좀 멋있게 표현하자면 스스로를 연구자나 예술가처럼 느끼게 되었습니다. 나와 마주하는 것, 내가 진정 좋아하는 일에 시간을 할애하는 것. 아마 모두에게 일괄적으로 적용할 수 없을지는 모르겠지만 저에겐 그러한 것이 가능했던 3년간의 경험을 통해 큰 깨달음을 얻을 수 있었습니다.

"겉모습을 바꾸려고 노력하는 것은 무의미한 일이다. 나와 마주하고 마음 깊은 곳에서부터 우러나오는 두근거림에 정직하게 사는 것이 중요하다. 사람들과의 교류보다 더욱 중요한 것은, 먼저 스스로와 커뮤니케이션을 잘 하는 것이다."

히키코모리 생활에 돌입한 지 3년차가 되던 날, 저는 자신감과 용기를 가진 사람이 되어 있었습니다. 그리고 지금까지와는 다른 세계를 경험하기 위해 오사카에서 도쿄로 이사를 결심하게 되었습니다.

친구는 만드는 것이 아니라,
자연스럽게 되는 것

저는 어렸을 때 친구가 별로 없었습니다. 회사를 축소하고 틀어박혔을 때에는 인간관계까지 대부분 단절했다는 것도 언급했지요. 하지만 우리가 일반적으로 생각하는 '친구'라는 것이 정말 그렇게 필요한 걸까요? 저는 진정한 친구는 의도적으로 만드는 것이 아니라 자연스럽게 되는 것이라고 생각합니다. 무리해서 타인에게 호의적으로 보인다거나 사이좋게 지내는 관계를 마음을 터놓는 친구라고 말할 수 없지요.

물론 지인이든 회사 동료든 불편하게 지내는 것보다는 사이가 좋은 것이 좋습니다. 하지만 가고 싶지 않은 곳에는 구태여 가지 않아도 됩니다. 예컨대 가기 싫은 회식 자리에 상사나 동료의 눈치를 보느라 자리를 지킬 필요는 없습니다. 요즘 청년 세대는 회식을 권하는 상사에게 '회식에 나가면 야근 수당은 나옵니까?'라고 묻는 경우도 있다고 합니다만, 사실 저 역시 이 말에 공감합니다. 가기 싫은 회식 자리라면 일하는 것과 다를 바가 없다고 생각했습니다. 밤에 연장 근무를 하게 된다면 당연히 야근 수당을 받아야 하는 것 아닌가 하고 생각했지요.

물론 그렇다고 회식 자리에 아예 안 가진 않았습니다만, 지금까지도 스스로 불편하지 않을 정도로 되도록 짧게만 앉아 있다가 가고 있습니다. 30분 정도 늦게 가서, 회식 자리가 끝나기 전에 집으로 돌아갑니다. 부담감이 없을 정도로만 자리를 지키기 때문에 기분 좋게 시간을 보낼 수 있습니다. "낮을 가리는 분 같은데 은근히 파티에서 자주 뵙네요"라는 말을 종종 듣기도 합니다. 기본적으로 착석 시간은 짧게, 45분 정도 뒤에는 자리를 뜨도록 하고 있습니다. 마음에 내키지도 않는데 처음부터 마지막까지 자리를 지키고 있는 것은 기분을 안 좋게 할뿐더러 시간을 낭비하는 것이지요. 명함 교환이 목적이면 명함만 교환하고 돌아가면 되고, 회사 회식이면 말하고 싶은 사람과 즐거울 정도까지만 이야기를 나누고 돌아가면 됩니다.

물론 학생 때는 저 역시 이렇게 자유로울 수 없었고, 싫은 자리에도 끌려 다니고는 했습니다. '다수결'이라는 이름으로 말이죠. 지금도 다수결은 정말 싫어하는 방법 중 하나입니다. 많은 사람들이 동의하거나 안다고 해서 그것이 절대적인 것처럼 큰 의미를 둘 필요는 없습니다. 사업도 마찬가지입니다. 모든 사람들이 다 뛰어드는 레드오션 분야보다는 다른 사람들이 미처 생각하지 못한 블루오션 시장에서 보다 큰 수확을 거둘 수 있습니다.

사고력보다
틀어박히는 힘

틀어박히는 힘과 사교력 중 어떤 것이 더 중요할까요? 저는 자신 있게 전자라고 말할 수 있습니다. 틀어박히는 힘이야말로 성장과 성공으로 가는 중요한 열쇠입니다. 사교력도 물론 중요합니다. 하지만 그것만으로는 내면으로부터 우러나오는 성장을 할 수 없습니다.

오늘날에는 SNS 등을 통해 언제 어디서든 다른 사람과 교류할 수 있습니다. 어떻게 생각하면 매우 쉽고 간단한 것이죠. 하지만 자기 내면의 목소리에 집중하는 '틀어박히는 힘'은 의식하고 집중하지 않으면 쉽게 할 수 없습니다. 친구와의 술자리나 연인과의 데이트도 좋지만, 때로는 혼자만의 시간을 갖는 것. 외부의 잡음을 차단하고 자기 자신의 내면에 깊이 파고드는 것. 이 것은 굉장히 고독하고 힘든 작업이기는 합니다만, 당신의 미래를 뒤바꿔 놓을 수도 있는 중요한 일입니다. 우리는 우리 내면과 대면함으로써 어떠한 효과를 거둘 수 있을까요?

- 주체적이고 창의적인 생활을 할 수 있다.
- 스트레스를 받을 필요가 없고 진짜 자신이 하고 싶은 것이 무엇인지 알 수 있다.
- 사고력과 결단력이 향상된다.
- 진심에서 우러나온 관계를 맺으므로, 사람에 대한 배려심이나 공감 능력이 향상된다.

위와 같은 장점들을 갖춘다면 사업적으로 잘 되는 것은 물론, 사회까지도 변화시킬 수 있는 힘을 가지게 될 것입니다. 그럼 지금부터는 어떻게 자신과 마주할 힘을 기를 수 있을지, 즉 틀어박히는 힘을 체득할 수 있는 방법에 대해 설명하겠습니다.

틀어박히는 힘을 통해
자기 자신으로 되돌아가자

무술을 연마하는 사람이 산에 들어가는 것처럼 우리가 일을 할 때 최적의 효율성을 거둘 수 있는 곳에 머물 수 있다면 좋을 것입니다. 하지만 사무실에 출근을 해야 하고, 그곳에서 업무를 처리하느라 바쁜 회사원들에게는 그런 기회를 만들기가 어렵습니다. 저처럼 집에서 컴퓨터를 사용해 사업을 하는 것도 쉽지 않을 테지요. 따라서 여기서는 일상생활에서도 적용할 수 있는 아래 두 가지 방법을 소개하려고 합니다.

첫째, 자신과 마주하는 시간을 조금이라도 가져라.

중요한 것은 의식을 해서라도 이러한 시간을 매일 조금씩 갖는 것입니다. 처음에는 5분, 10분이어도 괜찮습니다. 저는 명상을 좋아해서 매일같이 시간을 내 하고 있습니다. 단지 주변의 소음을 지우고 눈을 감는 것만으로도 좋습니다. 주변에 사람이 있어도 괜찮습니다. 중요한 것은 자기 자신과 마주할 환경만 있으면 됩니다. 아무도 없는 엘리베이터 안이라든지, 점심 식사 후 업무에 들어가기 전 의자에 앉아 잠깐 시간을 내도 좋습니다. 틀어박히는 힘은 일상 속에서도 적극적으로 혼자만의 시간을 만들어 자신과 마주하는 힘을 말합니다.

둘째, 불필요한 사람과의 관계를 유지하는 데 신경 쓰지 마라.

현대 사회에서는 필연적으로 많은 사람들과 관계를 맺고 살아가야 하지만, 사실 그 모든 사람들과의 관계를 애써 신경 쓰고 좋은 사람이 되기 위해 노력할 필요는 없습니다. 그 사람과 왜 관계를 맺고 있는지를 진지하게 고민하면 얼마나 타성적으로 인간관계를 맺고 있는지 깨닫게 될 것입니다. 타성적인 인간관계에만 집착하게 되면 정말 중요한 자기 자신을 위해 쓸 시간은 당연히 부족해질 것입니다.

저는 지금까지 세 차례 정도 히키코모리 생활을 했습니다만, 그 경험을 토대로 제 내면을 마주할 수 있었고 틀어박히는 힘을 기를 수 있었습니다. 그 덕에 지금은 제가 즐거워하는 일을 할 수 있게 되었고 자연스럽게 성공할 수 있게 된 것이지요. 정말 행복해졌습니다. 이제 저는 사교적인 인간이 되기 위해 억지로 자신을 꾸미지 않습니다. 대신 스스로를 받아들이고 제가 행복할 수 있는 길을 찾습니다. 많은 단점에도 불구하고 제가 감히 자아실현을 이루었다고 말할 수 있는 데는, 제 자신을 사회에서 말하는 긍정적인 인간 유형으로 바꾸어서가 아니라 있는 그대로 받아들였기 때문입니다. 스스로를 받아들임으로써 사회의 가치관, 편견 같은 것으로부터 저 자신을 되찾을 수 있었습니다. 만약 틀어박히는 힘이 없었다면 지금쯤 어떻게 되었을까요? 아마도 자괴감에 빠져 다른 사람과 사귀기는커녕 자신이 정말 하고 싶은 일을 찾지도 못한 채 패배감에 젖어 있는 사람이 되었을 것입니다.

저는 틀어박힌 시간 동안 제 자신의 내면을 주시함으로써 진정한 의미에서의 '인생의 주인공'으로 살아갈 힘을 얻게 되었습니다. 그렇게 저 자신을 찾자 그렇게 힘들고 어색했던 다른 사람과의 교류 역시 힘들지 않게 되었습니다. 지금은 틀어박히는 힘과 사교력 모두를 적절히 양립시키고 있습니다.

낯가리는 게
뭐 어때?

　인기 버라이어티 프로그램인 〈아메토크ア メ ― ク〉에서 이런 특집을 했었습니다. 언뜻 보면 밝고 사교적이지만 사실은 낯을 가리는 개그맨들이 모여서 각자 낯가림에 대한 에피소드를 털어놓는 것이었습니다. 예컨대 대기실에서 페트병이나 주스 캔의 라벨을 읽는다든지, 화장실에 오래 앉아 있다든지, 도시락을 정말 천천히 먹었던 경험이 있다는 식이었습니다. 저는 "용케도 티 안 나게 잘 해주었구나!"하고 혼자 감동하며 크게 웃었던 기억이 있습니다.

사실 개그맨은 일반적으로 낯을 가릴 거라고는 생각할 수 없는 사람들입니다. 그런 개그맨들 중에서도 낯을 가리는 사람이 많다는 사실은 알게 되자, 마치 구제받은 느낌이 들었습니다. 저 역시 낯선 사람들이 많은 장소에서는 뭔가 심각하게 생각하고 있는 표정을 짓거나, 노트북을 들고 다니며 대화를 할 때는 항상 그 너머로 이야기하면서 견디는 방법을 써왔기 때문입니다.

우리 사회에서는 지금까지 낯을 가리거나 내성적인 성격을 부정적으로 그려왔지만 사실은 그렇지 않습니다. 일단 낯을 가리는 사람은 배려심이 깊습니다. 누구보다 먼저 남의 기분을 알아차리며 한번 한 약속은 반드시 지킵니다. 또한 많은 사람들과 교류하지 않기 때문에 사람을 한 명 사귀는 데에도 대단히 신중합니다. 사업에 성공했거나 존경을 받을 만한 사람 대부분은 언뜻 보기에는 사교적입니다만, 깊게 이야기를 나누어 보면 사실은 낯을 가리는 사람들이 많다는 것을 알 수 있습니다. 원래 성격이 내성적이고 낯을 가렸던 사람들이 자기 내면으로 틀어박히는 힘을 통해 자기가 꿈꾸는 목표를 실현한 것입니다. 통찰력과 인내, 목표에 대한 강한 열정과 확신, 그들이 꿈을 이룩하는 데 결정적인 도움을 주었을 이런 요소들은 바로 틀어박히는 힘을 통해 기를 수 있는 대표적인 것들입니다. 이들이 사교적으로 보이는 것은 성공의 요인이 아니라 오히려 성공한 이후 후천적으로 길러진 경우가 많습니다. "실은 난 사람들을 만나는 것보다 밤에 방에서 혼자 애니메이션을 보는 것을 좋아해!" 어떤 상장 회사의 사장님은 실제로 제게 이렇게 털어놓기도 했습니다.

사람만이
혼자일 수 있다

생물 중에는 무리를 지어 다니며 살아가는 종이 많습니다. 물고기나 새는 무리 전체가 같은 방향을 향해 이동하기도 하지요. 이러한 행동은 생존전략을 위한 것입니다. 천적 등으로부터 보호를 받기 위해 무리 전체가 단체 행동을 하는 것이죠. 사람도 이와 비슷한 행동을 보입니다. 유행하는 물건이 나오면 단체로 그것을 구입하고, 특정 연예인을 다 같이 좋아하거나 비난합니다. 하지만 이것은 생존전략은 아니죠. 인간은 더 이상 천적에게 잡아먹힌다거나 하지 않으니까요. 물론 이렇게 무리로 행동하는 것은 어떤 의미에서는 편할지도 모릅니다. 스스로 생각할 필요 없이 주변과 맞추면 되니까요. 그래도 언젠가는 무리를 형성하고 있던 자신을 무리 밖에서 바라보게 되는 순간이 옵니다. 그때 자신이 속해 있던 무리의 행동을 보면 우습고 이상하게 느껴질 것입니다. 그러나 무리를 나와서 혼자만의 길을 걷는 것은 굉장한 용기가 필요합니다. 오랜 기간 무리 없이 사는 법을 알지 못했기 때문이죠. "주변 사람들과 맞추지 않으면 안 된다.""집단의 가치관에 따라라.""인간은 무리 안에서 살아가는 생물이다." 우리가 '삶의 지혜'로 배우고 있는 것들입니다. 하지만 이러한 가치관이 정말 올바를까요?

원숭이의 예를 들어봅시다. 원숭이 무리는 수컷 한 마리와 암컷 몇 마리, 그리고 그 새끼들로 구성되어 있습니다. 새끼가 수컷이면 성장한 이후 무리를 나가며 암컷이면 무리에 남습니다. 이렇게 집단을 형성해 살아가는 동물을 사회적 동물이라고 합니다. 그리고 인간 역시 사회적 동물이죠. 무리를 만들고 집단을 형성합니다. 단지 원숭이와의 차이점이 있다면 인간에게는 자신의 의사로 무리로서만 행동하고 살아가는 것이 아니라, 혼자만의 시간을 갖고, 개인으로 사유하고 행동할 수 있다는 점입니다. 인간과 다른 동물 사이의 차이는 여기에 있습니다. 바로 생존본능을 뛰어넘는 개인의 자유의지가 있다는 점입니다. 집단에서 사회생활을 영위하는 것도 훌륭한 것이지만, 스스로의 의사로 적극적으로 혼자만의 시간을 가지고 내면과 마주할 수 있는 것은 인간만이 가진 특권입니다.

"인간은 사회적 동물이다"라는 말의 진짜 의미

고대 그리스의 철학자인 아리스토텔레스는 "인간은 사회적 동물이다"라고 했을 때, '사회적'이라는 말을 표현하기 위해 'Politikon'이라는 단어를 썼습니다. 그런데 여기서 '사회적'이라는 말은 단순히 무리지어 살아야 한다는 뜻이 아니라, '폴리스적인 공동체'라는 보다 고차원적인 의미를 가지고 있습니다. 인간은 단순히 동물처럼 무리를 짓고 집단을 형성해 생활하는 데 그치지 않고 그 너머의 '공동체'를 그릴 수 있는 것입니다. 그곳은 바로 개인이 가지고 있는 재능이나 특성을 살려서 충분히 발휘할 수 있는 곳입니다. 즉, 'Politikon'의 방점은 집단생활 그 자체가 아니라 공동체 안에서 개성을 잘 발휘할 수 있도록 하는 데 있습니다. 모두가 개성과 재능을 잘 살려 일할 수 있다면 자아성취를 이루는 것은 물론 자연스레 사회적으로도 큰 공헌을 할 수 있을 것입니다.

"사람은 사람. 나는 나. 나에게 이곳은 이상향이다. 나는 나로 있으면 되는 것이다." 20년간 무인도에서 혼자 생활하고 있는 나가사키 마사미長崎真砂弓 씨는 이렇게 말하기도 합니다. 국내외 미디어에서 화제가 되었던 그는 50세가 되던 해, 아내와 두 자식을 두고 혼자 무인도로 떠나 살기 시작했습니다. 진짜 자기 자신으로서 행복하게 살 수 있는 곳을 찾아 떠난 것입니다.

나가사키 씨의 사례는 사실 좀 극단적이긴 합니다만, 예술가나 작가 중에서도 사람들과의 인간관계보다 자신의 내면과의 소통을 더 중시하는 사람들이 꽤 있습니다. 물론 인간이 전적으로 혼자서만 살아갈 수는 없지만, 보다 행복하게 살기 위해서는 먼저 자기 행복의 기준점을 찾아야 합니다. 그렇게 먼저 스스로 만족할 수 있는 진짜 행복을 찾을 때, 비로소 우리 곁에 있는 사람들 역시 행복할 수 있을 것입니다.

이런 이야기를 하면 종종 타인과 의사소통하는 것의 중요
성을 간과하는 것은 아닌가 하는 질문을 받기도 합니다. 그러나
우리는 의사소통의 본질과 의미가 어디에 있는지 한번 고민해볼
필요가 있습니다. 저는 의사소통이 앞서 말한 물고기나 새 떼처
럼 한쪽 방향으로만 쏠려 다니는 것이 아니라고 생각합니다. 정
말 중요한 것은 개인과 개인이 서로의 진심을 나누는 것이죠. 그
런 의미에서 이 책을 읽고 있는 독자 여러분 역시 저와 의사소
통을 하고 있다고 생각합니다. 독서 역시 저자와의, 그리고 자기
자신과의 훌륭한 의사소통 매체이기 때문입니다. 저 역시 하루
에 한 권 정도의 책을 읽으려고 노력하고 있습니다.

제2장

성숙한 사회,
틀어박히는 힘이 필요하다

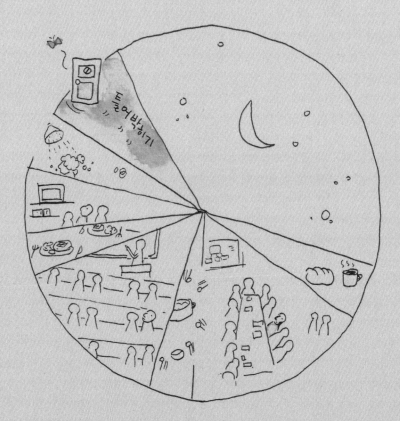

나만의
시간의 중요성

"난 누군가와 함께 있지 않으면 잠시도 못 견디겠어." 종종 이렇게 혼자 있는 시간을 견딜 수 없다고 말하는 사람들이 있습니다. 언뜻 보면 사람을 좋아하는 굉장히 사교적인 사람에다가 정도 많고 대화도 잘 할 것 같습니다. 하지만 실제로 이런 사람들은 자신감이 없고 타인에게 의존적인 사람이 대부분입니다.

아직 세상물정에 대해 잘 모르는 아이들에게도 뇌의 발달을 위해선 혼자만의 시간이 필요하다고 합니다. 오늘날 현대 사회를 살아가는 우리들은 매일 매순간 다양한 정보에 둘러싸여 있습니다. 회사, 동아리, SNS 등등 우리는 끝도 없이 많은 사람들과 교류하고 있지만, 정작 자기 마음이 어수선해진다는 것은 모릅니다. 저는 이러한 문제를 겪고 있을 대부분의 현대인들이 가끔씩은 혼자만의 시간을 갖고 어질러진 마음의 방을 정리하는 시간이 필요하다고 생각합니다.

혼자만의 시간을 적극적으로 가지는 것, 사실 이것은 인간이 가지고 있는 가장 훌륭한 힘 중 하나입니다. 위에서 살펴보았듯이 그런 훌륭한 힘을 깨닫지 못하고 제대로 활용할 수 없다는 것은 매우 안타까운 일입니다. 만약 혼자서 보내는 시간이 불안하다고 느끼는 사람은 자신이 지나치게 타인 의존적이라거나 내부에 불필요한 가치관을 가지고 있는 것은 아닌지 확인해 볼 필요가 있습니다. 예컨대 혼자 지내는 사람은 외로운 사람이라거나 늘 누군가와 함께 있는 것만이 실속 있고 가치 있는 인생이라는 식의 가치관 말입니다.

사실 저 역시 한때 그러한 가치관으로 고민을 하고 있었습니다. 틀어박히는 힘의 중요성을 깨닫기 전에는 늘 누군가와 함께 있으려 하고 매일 약속을 만드는 데 하루하루의 힘을 다 쏟아 부었습니다. 그러나 지금은 혼자만의 시간을 어떻게 만들고, 알차게 보낼지 생각합니다. 매일 다른 사람과 약속을 잡으려 전전긍긍하던 날보다 지금이 훨씬 행복하고 알찬 것은 물론입니다.

뇌가 가장
효율적이 되는 시간

혼자만의 시간을 갖는 것, 즉 '틀어박히는 힘'을 기르는 것은 정말 유용한 걸까요? 뇌과학자들은 그렇다고 말합니다. 온몸의 긴장을 풀고 안정된 상태에서 차분히 기억이나 경험들을 정리합니다. 그리고 천천히 미래의 모습을 상상합니다. 놀랍게도 이렇게 상상으로부터 얻은 경험이나 감정은 실제 현실에서의 논리적 분석 및 판단에 굉장한 도움을 준다고 합니다. 아무것도 하지 않고 단지 편히 누워 머릿속으로만 상상했을 뿐인데도, 바쁘게 뛰어다니며 사람이나 인터넷을 통해 정보들을 수집하는 것보다 훨씬 차분하고 논리적인 분석과 결정이 가능해집니다. 과학자는 물론 작가나 예술가 역시 연구를 하거나 작품 구상을 할 때 혼자만의 시간을 갖습니다.

저 역시 틀어박히는 힘을 통해 사업을 성공시킬 수 있었고, 삶에 대한 만족도 만족도를 높여 행복을 찾을 수 있었습니다. 틀어박히는 힘을 기르라는 것은 외부와 완전히 고립되라는 말이 아닙니다. 경험하고 느낀 것들을 음미하는 시간을 통해 감정의 폭을 풍부하게 기르고, 스스로 만족할 수 있는 힘을 키울 수 있는 것입니다.

그렇다면 틀어박히는 힘은 어떻게 하면 기를 수 있을까요? 심리학자인 티모시 윌슨Timothy Wilson은 굉장히 재미있는 연구를 했습니다. 바로 사람이 아무것도 없는 방에서 15분 정도의 시간을 버틸 수 있나 실험한 것입니다. 15분을 버티지 못하고 중도 포기할 경우 버튼을 누르면 되는데, 버튼을 누를 경우 약간의 전기충격이 가해지도록 했습니다. 피 실험자들은 모두 추억을 회상하거나 공상을 하면서 15분 정도 보내는 것은 식은 죽 먹기라고 생각했지만, 실험 결과는 예상을 뒤엎는 것이었습니다. 남

성의 60퍼센트, 여성의 30퍼센트가 전기충격을 택하고 실험을 중도에서 포기한 것입니다.

이러한 실험 결과를 듣고 역시 혼자 시간을 보내는 것은 어렵고 싫은 일이라고 생각한 분들이 있겠죠. 괜찮습니다. 원래 사람은 혼자서 자신과 마주하는 것보다 차라리 고통을 당하더라도 행동하는 것을 택하는 법이니까요. 프랑스의 수학자이자 철학자 블레이즈 파스칼Bliaise Pascal도 저서 『팡세Pensées』에서 이렇게 말했었습니다. "혼자서 조용히 방 안에 앉아 있을 수 없는 것, 그것이 인간의 문제다."

300년 전에도 어려웠던 일인데, 하물며 스마트폰과 인터넷이 극도로 발달된 오늘날엔 혼자만의 시간을 갖는 것은 더욱 쉽지 않은 일일 것입니다. 그렇다면 우리는 어떻게 혼자만의 시간을 갖고, '틀어박히는 힘'을 기를 수 있을까요? 다음 장부터는 몇 가지 실천 방법에 대해 소개하겠습니다.

생각의 지도를
그려라

흔히 우리가 창의적인 사고를 이끌어내는 방법으로 브레인스토밍 기법이 있습니다. 브레인스토밍이란 어떤 테마에 대해 자유롭게 생각하면서 의견을 말하는 것을 말합니다. 흔히 다채로운 아이디어를 얻기 위한 방법으로 널리 알려져 있지요. 다만 제 개인적인 경험상 브레인스토밍은 실패하기가 쉬웠습니다. 예컨대 사내에 보여 한 가지 테마에 대해 생각한다고 합시다. 오늘은 ○○○에 대해 의견을 내줬으면 좋겠어. 사장의 한 마디로 브레인스토밍이 시작됩니다. 2시간 후, 브레인스토밍을 거친 아이디어들은 과연 어떤 것일까요? 사장으로 하여금 탄성을 지르게 하거나 동료들을 놀라게 할 놀라운 것일까요? 아닙니다. 아마 대개 진부한 것이 대부분일 것입니다. 애초에 같은 회사를 다니며 비슷한 일을 해온 사람들이 생각하는 아이디어라는 것이 획기적이기란 매우 어렵습니다. 게다가 서양처럼 활발하게 자기 생각을 말하고 서로에 대해 비판의 목소리도 자유롭게 내는 문화가 없는 동양에서는 건설적인 이야기가 나오기가 더욱 어렵습니다. 대체로 '자, 그럼 이걸로 하자!'하고 목소리 큰 사람의 의견으로 결정되는 것이 대부분이죠.

그러나 우리가 주목해야 하는 쪽은 '목소리 큰 사람'이 아니라 목소리를 내지 못하는 내성적인 사람들입니다. 사실 이들이야말로 독창적이고 획기적인 아이디어를 가지고 있는 경우가 많습니다. 저 역시 회사를 다닐 때 그랬었고, 일 관련으로 만난 영향력 있는 블로거들의 이야기를 들어 보아도 그렇습니다. 그들은 평소에는 조용하고 눈에 잘 띄지 않는 내성적인 사람들이지만, 인터넷 공간에서는 평소에 담아두었던 에너지를 폭발시켜 독특한 의견과 획기적인 아이디어를 아끼지 않고 꺼내 놓습니다. 그렇다면 이들의 재능을 회의실 안에서도 발휘하게끔 할 수 있는 방법이 있지 않을까요?

마인드맵은 그 방법 중 하나입니다. 이것은 토니 부잔[TOny Buzan]이 제창한 사고 발상법 중 하나로, 머릿속에 떠오르는 생각들을 지도를 그리듯 연결시켜 정리하는 방법을 말합니다. 저는 15년 전부터 이 방법을 사용했는데 아이디어를 낼 때는 브레인스토밍뿐 아니라 마인드맵을 통해 혼자 정보를 정리하고는 합니다. 일반적으로는 종이에 손으로 씁니다만, 컴퓨터를 사용해도 좋습니다. 컴퓨터의 장점은 수정이 용이하다는 점이겠지요. 최근에는 온라인 클라우드 서비스[Cloud Service](데이터를 PC나 스마트폰 등 내부 저장 공간이 아닌, 외부 서버에 저장해 두고 사용하는 서비스)를 통해 마인드맵 등 각종 정보를 여러 명이 쉽게 공유하는 것이 가능해졌습니다. 저희 회사 역시 회의 때 서로가 그린 마인드맵을 온라인으로 공유한 후, 아이디어를 융합하거나 새로운 의견을 내도록 합니다. 먼저 다른 사람에게 묻는 것이 아니라 자기 안에서 답을 찾아보는 것입니다.

외향적인 사람에게 권하는
틀어박히는 힘

외향적인 사람은 다른 사람과 만나는 것으로 에너지를 충전합니다. 사람들과의 약속을 거절하지 않고 항상 누군가와 함께 있거나 사교 장소에 참석해 있습니다. 그런 사람에게 혼자만의 시간을 갖는다는 것은 어쩌면 고통일지도 모릅니다. 하지만 이런 사람이야말로 적극적으로 혼자만의 시간을 가지는 것이 필요합니다. 외부의 사람이나 정보에만 의존하는 것이 아니라 자기 자신과 마주함으로써 진짜 자신의 바람이나 생각들을 정리할 시간이 필요하기 때문입니다.

내성적인 사람에게 권하는
틀어박히는 힘

내성적인 사람은 외향적인 사람과 반대로 사람들과 만나는 것을 어려워합니다. 외향적인 것처럼 보이는 사람이라도 사람들을 만나는 일에 피로감을 느끼거나 혼자 있는 시간이 편한 경우, 사실은 내성적인 성향을 가지고 있는지도 모릅니다. 내성적인 사람에게 자기만의 시간을 갖는 것은 그다지 힘든 일이 아닙니다. 하지만 중요한 것은 단순히 틀어박히는 것이 아니라 그것을 통해서 자신만이 가지고 있는 에너지를 밖으로 표출하는 것입니다. 당신에게는 당신만이 가진 재능이 있습니다. 좀 더 적극적으로 자신과 마주하는 시간을 가져서 좀처럼 밖으로 표현하지 못하고 생각하는 선에 그쳤던 창조적인 아이디어들을 좀 더 구체화하세요.

아이들은 지금
충전 중

예전에 어떤 고등학교 양호실 선생님의 이야기를 들었습니다. 이름만 대면 누구나 알 수 있을 법한 유명한 여자 고등학교입니다만, 그곳에 다니는 학생들 대부분은 부모가 만들어 놓은 길을 그대로 따라 살아간다고 합니다. 편한 삶이라고 쉽게 생각할지 모르지만, 부모의 기대가 큰 만큼 아이들이 느끼는 압박감이나 스트레스도 상당합니다. 실제로 그 학교의 많은 아이들이 극심한 스트레스로 인한 마음의 병을 앓고 있다고 합니다. 상태가 안 좋은 학생이 양호실로 찾아오면, 양호실 선생님은 그 아이를 한쪽에 위치한 혼자만의 공간에서 휴식하게끔 한다고 합니다. 바로 그 장소 덕분에 그나마 학교생활을 계속 할 수 있다고 말하는 아이들이 많다고 합니다.

이와 반대로 일본에는 철저하게 학생들이 좋아하는 것 위주로 수업이 짜인 '사도베리 스쿨Sudbury School'이라는 학교도 있습니다. 이 학교는 학생들이 배울 내용을 학생들 본인이 자유롭게 정하고 배우는 학교입니다. 몇 가지 지켜야 하는 규칙은 있지만, 그것 역시 학생들 스스로 정합니다. 책임감을 외부의 강제가 아니라 스스로 익히게끔 하는 교육 방법이지요.

정도의 차이는 있겠지만 히키코모리가 된 아이들은 대부분 후자보다는 전자와 유사한 교육과 환경에서 양육되었을 것입니다. 아이들 하나하나의 다양한 내면에 걸맞은 교육이 아닌, 외부에서 강제하는 식의 교육은 아이들을 폭력이나 우울증, 또는 히키코모리라는 극단적으로 형태로 몰아넣기 쉽습니다.

저 역시 학생일 때에는 몇 년 간 무척 힘들었던 시기가 있었습니다. 자칫 극단적인 선택을 할 뻔한 적도 있었죠. 저는 아이들에게 다양한 선택지가 있다는 것을 알려주고 싶습니다. 그것이 어른들의 책임이라고 생각합니다. 지금 히키코모리가 되어버린 아이들에게는 다음과 같이 조언을 해주고 싶습니다. "틀어박혀 있는 지금은 충전을 위한 시간이야. 에너지가 꽉 차면 자유롭게 하늘을 날아갈 수도 있어!"

지금은 대하기 어려운 사람이나 만나기 싫은 사람이 많을지 모릅니다. 그래도 자기 자신과 마주하고, 진심으로 좋아하는 것을 하기 시작하면 자연스럽게 자신감도 붙고 스스로를 좋아하게 될 것입니다. 자신을 사랑할 줄 알게 되면 타인 역시 점점 어려운 사람보다 좋아하는 사람이 많아질 것입니다. 제가 바로 그 사례입니다. 여전히 낯을 가리기는 합니다만, 지금은 어떠한 사람을 만나도 스스로 위축되지 않고 그 사람의 장점도 발견할 수 있게 되었습니다.

어린이 창업 워크숍에서
찾은 가능성

저는 어린이 창업 워크숍을 정기적으로 열고 있습니다. 미국에서는 아이들이 어릴 때부터 아르바이트 등을 통해 경제관념을 익히게끔 합니다. 예컨대 거리에서 레모네이드를 판매시킨다거나 하는 방식으로요. 아이들 스스로 레몬, 설탕, 물, 얼음 등 재료를 사들여 각각의 창의성을 발휘해 판매를 하고, 판매 수익은 아이들이 용돈으로 쓰게 합니다. 스스로 생각하고 '일'이라는 개념을 어릴 때부터 배우게끔 하는 것입니다.

오늘날의 학교에서는 대개 취업(혹은 취업을 위한 진학)을 목표로 한 교육이 주가 되고 있습니다. 하지만 우리는 창업이라는 길도 선택할 수 있습니다. 바로 학교에서 가르쳐주지 않는, 이 '스스로 일하는 힘'에 대해서도 교육이 필요하다고 저는 생각합니다.

워크숍에서는 먼저 일과 돈의 의미에 대해 가르칩니다. "일에는 어떤 것들이 있을까?" 제가 물으면 아이들은 회사원, 의사, 가수, 야구선수와 같은 '직업'에 대해서는 잘 대답을 합니다만, 창업이나 회사 경영과 같은 대답은 잘 나오지 않습니다. 아직 아이들의 머릿속에는 그러한 정보가 없는 것이겠죠. 그러면 저는 아이들에게 이렇게 말합니다. "일에는 두 가지 종류가 있습니다. 하나는 취업하는 것이고, 다른 하나는 창업하는 것입니다."

여기서 창업이란 어려운 것이 아닙니다. '가내 창업'도 어린이들이 할 수 있는 창업 중 하나죠. 예를 들면, 아이들이 자기 방을 깨끗하게 청소하는 대신 일주일에 100엔을 달라고 요구한다면 훌륭한 가내 창업이 될 수 있지요. 물론 부모님들로서는 여러 가지 걱정도 드는 것이 사실이겠지만, 이러한 식으로 '창업'을 유도하게 되면 아이들은 점점 사업에 대한 긍정적인 이미지를 가지면서 마치 놀이를 하듯 다양한 아이디어를 내놓게 될 것입니다. 다른 누군가가 기뻐할 만한 일 중 자신이 할 수 있는 것들을 생각하게 될 것이고, 그 과정에서 경제관념은 물론 창의력과 독립심을 기를 수 있습니다.

제가 만난 어떤 초등학생의 이야기를 해 드리겠습니다. 제가 다니던 성인을 대상으로 하는 창업 세미나에 어떤 꼬마 아이가 참가한 것을 보고, 저는 놀라서 아이에게 물었습니다.

"부모님은 어디 계시니?"

"혼자 왔어요."

"뭐? 왜 이 세미나에 혼자 온 거야?"

"책을 읽었는데, 직접 이야기를 듣고 싶어서 왔어요."

저는 놀라서 그 아이에게 여러 가지를 물었습니다. 아이는 제도권 교육의 필요성에 대해 의문이 들어, 학교에 가지 않고 집에서 학습을 하고 있다고 했습니다. 부모도 아이의 결심을 응원해주는 모양이었습니다. 학교를 다니지 않는다고 히키코모리가 되어 외부와의 연결을 끊고 방에만 있는 것이 아니라, 어린 나이에도 불구하고 스스로 원하는 것을 찾기 위해 직접 나서는 모습이 무척 감동적이었고 기뻤습니다. 그 아이는 또래 아이들은 물론 어떤 부분에 있어서는 웬만한 어른들보다 사물에 대한 통찰력이나 자립심과 판단력이 뛰어난 훌륭한 소년이었습니다. 당연히 모든 아이들이 학교를 그만두어야 한다고 주장하는 것은 아니지만, 중요한 것은 교육의 목적을 확실히 깨닫는 것입니다. 바로 우리가 교육을 받는 목적은 수동적인 인간이 되려는 것이 아니라, 책임감과 창의력을 갖춘 인간이 되기 위해서라는 진리 말입니다.

SNS 피로를
피하라

최근에는 'SNS 피로'라는 말이 있습니다. SNS란 사회적 관계망서비스Social Networking Service 의 약자인데, 스마트폰의 보급과 함께 우리 생활과 뗄 수 없는 밀접한 것이 되었지요. 하지만 시도 때도 없이 SNS를 확인하다 보면, 누구라도 가끔씩 피로를 느낀 적이 있을 것입니다. 이러한 피로의 가장 큰 원인은 바로 항상 다른 누군가와 연결되어 있지 않으면 불안하다고 느끼는 심리적 의존상태에 있습니다. 특히 인간관계에 대해 신경을 쓰는 사람일수록 이러한 불안 증세는 더욱 현저하게 나타납니다. 한순간도 스마트폰이나 PC를 손에 놓지 못하고 계속해서 SNS를 확인합니다. 의미 없는 '좋아요'나 '리트윗' 숫자에 매우 예민하게 반응하기도 하고요. 그러나 사실 '좋아요' 숫자가 백 개, 천 개씩 된다고 하더라도 사용자에게 결코 진정한 의미의 만족감을 가져다주지는 못할 것입니다. 행복의 척도를 외부의 관심이나 평가에만 둔다면 결코 사랑받는다는 느낌이나 행복하다는 느낌을 가질 수 없습니다.

SNS에 피로를 느끼고 지나치게 의존하고 있다고 느낀다면 일단 사용하는 시간을 정해보세요. 저 역시 이메일이나 SNS 등을 통해 업무를 처리하고 있습니다만, 스마트폰의 알림 설정을 꺼두고 특정한 시간을 정해 하루에 3번 정도 확인하는 것으로 정해두었습니다. 현실에서의 의사소통에서처럼, 제일 먼저 중요한 것은 자신과의 소통입니다. SNS를 사용할 때에도 먼저 자기 자신을 확실히 해두고 절도 있게 사용하지 않으면 시간도, 감정도 의미 없이 소모되고 말 것입니다.

성숙한 사회,
틀어박히는 힘이 필요하다

　　베스트셀러 작가이자 일본을 대표하는 마케터 중 한 명인 칸다 마사노리神田昌典 씨를 만난 적이 있습니다. 저 역시 그분 저서의 애독자이기도 하고, 제게 경영의 기초를 가르쳐 준 스승으로 매우 존경하는 분입니다. "언젠가 학교 교육에서도 창업과 관련된 교육이 필요하게 될 것이다. 그것을 위해 모범이 될 만한 강좌를 열고 싶다." 칸다 씨는 이렇게 말했고 저 역시 동감했습니다. 그리고 반 년 뒤, 이러한 생각은 보다 구체적인 형태를 띠게 되었습니다.

2014년 9월 시작된 초기 강좌는 '일본의 토양 위에서 세계가 감탄할 만한 사업을 만들어낸다'라는 비전을 가지고, 창업을 생각하는 사회인들을 대상으로 열게 되었습니다. 많은 응모자 중에서 24명을 선발해 프로그램을 진행하고, 선발되지 못한 약 2000여 분들에게는 온라인으로 강의를 들을 수 있도록 했습니다. 강사에는 베스트셀러 작가이자 경제평론가 겸 공인회계사인 카츠마 가즈요勝間和代 씨는 물론, 상장기업의 사장으로 산업현장의 최전선에서 활약하고 있는 일곱 분과 함께, 조금 주제넘게도 저 역시 선정되어 강의를 맡게 되었습니다.

강의를 맡은 분 중에는 후지와라 가즈히로藤原和博 씨도 있었는데, 그는 첫 민간인 출신 공립중학교 교장으로 유명한 분이었습니다. 그는 일본의 구인구직업체인 리쿠르트Recruit 재직 당시 먼저 취업에 성공한 이들을 '펠로우'로 삼아 구직자들을 돕게 하는 제도를 만들어 성공시켰고, 심야 애니메이션 제공 업체로 유명한 미디어팩토리Media Factory를 설립하는 등 다방면에서 활약한 기업인이었습니다. 그는 퇴사 후, 스기나미 구杉並区 리츠와다立和田 중학교에서 민간인 교장으로 활약하며 많은 책을 집필하고 있었습니다. 그는 강연에서 이렇게 말했습니다.

"1997년까지는 일본이 성장사회였기 때문에 '모두 함께'가 좋을 수 있었습니다. 그러나 경제가 완숙기로 접어든 지금은 '한 사람 한 사람'의 시대입니다."

지금이 예전과 다른 것은, 시대가 너무도 크게 변했기 때문입니다. 일반적인 학력을 가지고, 일반적인 회사에 들어가, 일반적인 가정을 차리고, 일반적인 행복을 느끼는 것. 그야말로 아무것도 생각하지 않고 모두와 같은 것을 하는 것이 정답인 사회. 예전과 달리 이제는 이러한 집단몽상이 더 이상 통하지 않는 시대입니다. 지금은 그야말로 얼마나 독창적이고 창조적일 수 있는지가 일의 가치를 결정하는 시대입니다. 한 사람 한 사람의 아이디어가 중요한 개인의 시대가 열린 것입니다. 후지와라 씨는 또한 이렇게 말합니다.

"아직까지도 학교에서는 한 가지 정답만을 가르치고 있습니다. 정말 중요한 것은 정보의 편집 능력인데, 아직까지 단순한 정보처리 능력만 가르치고 있습니다. 학생들은 그저 답을 틀리지 않고 빨리 풀고, 수많은 정보를 빠르게 처리하는 능력만 기르고 있는 겁니다. 완전히 시대착오적이죠."

사실 문제를 '빨리 푸는' 능력에 있어서 인간은 컴퓨터를 따라갈 수 없습니다. 따라서 오늘날 인간에게 가장 중요한 것은 정보의 처리속도가 아니라 정보의 편집 능력입니다. 즉, 스스로 생각하고 창조하는 힘이 필요합니다. 행복의 척도 역시 마찬가지입니다. 앞서 언급한 것처럼, 행복을 얻기 위해서는 이제 타인이나 사회와 같은 외부의 '몽상'이 아니라 자신의 내면으로 시선을 돌려야 합니다. 성숙한 사회일수록 '틀어박히는 힘'이 중요하다고 생각합니다. 자기 자신이 기준이 되지 않는 한 온전한 행복이란 있을 수 없으니까요.

혼자만의 Cafe

마인드맵 작성법

마인드맵은 특정한 주제에 대한 생각들을 마치 지도를 그리듯 마음속으로 연결시키는 방법입니다. 생각을 자유롭게 전개하면서도 주제에 따라 잘 배치해 정렬하기 때문에 기억에 오래 남을 수 있게 만들어주지요. 특히 문자뿐 아니라 이미지를 활용해 좌뇌뿐 아니라 우뇌의 발달에도 도움을 줍니다.

① 핵심 이미지는 나무의 줄기와 같습니다. 주제를 상징적으로 나타낼 수 있는 이미지를 활용하면 좋습니다.

② 핵심 단어나 이미지는 줄기와 이어지는 나무의 중심 가지와 같습니다.

③ 중심 가지(핵심 단어, 이미지)에서 이어지는 부가지들은 같은 색을 써 통일감을 주면 더욱 기억에 오래 남습니다

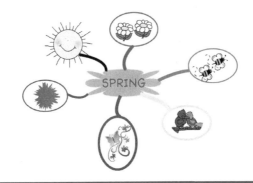

제3장

틀어박히는 힘으로 성공한 사람들

손정의의
틀어박히는 힘

과연 다른 사람이나 외부의 시선을 신경 쓰지 않아도 좋은 걸까? 사회생활에서 성공하기 위해서는 그렇게 하면 안 되는 것 아닐까? 어떤 분들은 여전히 이런 고민을 하고 계실지 모릅니다. 따라서 이 장에서는 틀어박히는 힘을 통해 사회생활도 멋지게 해내고 성공한 사람들의 사례를 살펴볼까 합니다.

소프트뱅크Softbank 손정의 회장은 '틀어박히는 힘'을 통해 세계적으로 성공한 일본의 기업가입니다. 재일교포 3세 출신으로 뛰어난 기업가이자 투자가인 그는, 암기만을 강요하는 교육

제도에 답답함을 느끼고 고등학교를 중퇴하고 미국으로 건너갔습니다. 그리고 캘리포니아 대학 버클리캠퍼스 경제학부 재학 도중 자동번역기를 발명하고, 그것을 통한 수익금으로 겨우 22살에 소프트웨어 개발회사를 설립했습니다.

"20대에 사업을 일으켜서, 30대에는 자금을 모으고, 40대에 승부수를 던져, 50대에는 성공시킨다."

도미 당시 10대 소년이 세웠던 꿈에 한 걸음 다가서는 순간이었지만, 이러한 계획은 뜻밖의 암초를 만나게 됩니다. B형 간염에 걸려 의사로부터 남은 수명이 5년이라는 시한부 선고를 받은 것입니다. 사업이 본격적으로 궤도에 오르기 시작한 그의 나이 26살 때의 일이었습니다. 회사의 미래는 어두워 보였고, 우수한 사원들은 하나둘 다른 회사로 옮겨갔습니다. 누구라도 절망할 법한 순간, 손정의는 평범하지만 놀라운 생각을 했습니다. 경영은 다른 사람에게 맡긴 채 자신은 병실과 집에서 계속 책만 읽은 것입니다. 경영서, 역사서 등 다방면의 책을 수백 권 이상 독파했습니다. 시한부 선고까지 받은 시점에서 그는 왜 독서에 매달렸던 것일까요?

"치료가 성공한다면 앞으로 더욱 바빠질 테니까요. 책을 마음껏 읽으면
서 자신을 갈고닦을 시간은 지금밖에 없다고 생각했습니다."

병실이라는 한정된 공간에서 책에 틀어박혀 있으면서 손
정의는 다름 아닌 자신과 마주했습니다.

"건강할 때에는 인생의 의미에 대해 생각할 틈이 없었습니다. 병에 걸리
게 되자, 삶의 본질적인 의미에 대해 고민하게 되었지요. 인생은 짧지만
그 짧은 시간 동안 의미 있는 일, 완전히 연소될 수 있는 일을 하고 싶었
습니다. 시간이 더 주어진다면 마지막 순간에 '아, 행복했다'라고 생각할
수 있는 인생을 살자고 마음먹었지요."

커다란 꿈을 가지고 바다까지 건넜던 젊은 손정의에게 병
마와 싸워야 했던 그 시기는 무척 힘들었을 것입니다. 하지만 그
렇게 '틀어박혀' 자기 자신과 마주하며 지냈던 3년간의 시간은
병을 극복한 이후 자신이 걸어가야 할 길의 방향과 시야를 확 트

이게끔 만들어 주었습니다. 병에서 완쾌된 이후의 활약은 모두가 알고 있는 대로입니다. 틀어박혔던 3년의 시간이 아니었다면 지금과 같은 손정의는 없었을지도 모릅니다.

중요한 것은 어떠한 상황에서도 중요한 것은 먼저 자기 자신과 마주하면서 스스로를 알아가고 단련하는 일입니다. 제아무리 우수한 경영자라도 완벽한 인간은 아닙니다. 잘 풀리지 않는 시기도 있고, 인간적인 결점이 드러나는 일도 있을 것입니다. 하지만 역풍을 만났을 때 어떤 선택을 하느냐에 따라 그 이후의 미래가 바뀝니다. 성공한 기업가들은 모두 그러한 위기를 마주해 '마이너스'를 '플러스'로 전환시킨 사람들입니다.

애플을 만든
틀어박히는 힘

세계적인 기업 애플^{Apple}을 창시한 두 명의 스티브—스티브 잡스^{Steve Jobs}와 스티브 워즈니악^{Steve Wozniak} 역시 '틀어박히는 힘'을 가진 대표적인 인물입니다. 먼저 상대적으로 덜 알려진 스티브 워즈니악에 대해 살펴보기로 하겠습니다.

카리스마가 강한 인물인 잡스와 달리, 워즈니악은 저와 같은 'IT 바보'가 보기에 신과 같은 존재입니다. 그는 겨우 3살 때부터 전자공학에 관심을 가졌다고 합니다. 애플 컴퓨터 개발 당시, 워즈니악이 소속되어 있던 모임에서는 뜻을 같이 하면서 열

띤 토론을 함께하는 동료들도 많았습니다. 하지만 토론이 끝나고 본격적인 작업이 필요한 시간이 되면, 그는 늘 자신의 좁은 사무실에 틀어박혀 작업에 몰두했습니다. 이것은 어쩌면 당연할지도 모릅니다. 왁자지껄 수다스럽게 이야기를 나누면서 무엇인가를 만들어낸다는 것은 불가능합니다. 창의적인 작업을 하기 위해서는 먼저 자기 자신과 마주하고 내면 깊은 곳에서부터 고도의 집중력을 끌어내야 하기 때문입니다.

저 역시 혼자 무엇인가를 만들어내는 작업이 몹시 즐겁습니다. 워즈니악이 혼자서 묵묵히 컴퓨터와 씨름하고 있는 그 기분, 너무 잘 이해가 됩니다. 그에게 있어 창조는 단순히 일이 아니었습니다. 그것은 강제로 하는 것이 아니라, 아이가 그림이나 게임에 열중하는 것과 같습니다. 그는 자서전에서 이렇게 말했습니다.

"목적을 달성하려는 사업가는 아티스트와 같다. 아티스트는 혼자서 일하는 것이 가장 좋다. 무언가 혁신적인 것을 만들기 원한다면, 먼저 혼자 힘으로 길을 열 필요가 있다."

스타일이 다르긴 했지만 잡스 역시 워즈니악 못지않게 '틀어박히기 달인'이었습니다. 젊은 시절 잡스는 히피 문화에 빠져, 인도로 방랑을 떠나는 등 기행奇行을 벌였고, 가장 좋아했던 취미 생활 중 하나도 명상이었습니다.

그런데 사실 명상은 '틀어박히는 힘'을 기르기 위한 가장 좋은 방법 중 하나입니다. 깊은 곳에 있는 자기 자신과 마주함으로써 직감력을 길러주기 때문에, 창조적인 일이나 창업과 같은 일을 하는 데에도 효과적입니다. 지금도 서구의 많은 경영자들은 휴식을 위해 창조적인 영감을 얻기 위해 명상의 도움을 받고 있습니다.

"우리는 이제 역사에 이름을 남길 제품을 발표합니다. 맥Mac 컴퓨터를 개발하는 데 꼬박 2년을 투자했습니다. 그리고 그 성과물은 정말 끝내 줍니다!"

잡스가 공언한 대로, 잡스와 워즈니악이 만든 컴퓨터는 그야말로 혁신과 창조 그 자체였습니다. 그때까지의 컴퓨터가 문자 입력을 통해 조작되고 있었던 데 반해CUI(Character User Interface),

그들이 만든 새로운 컴퓨터는 오늘날 윈도우나 스마트폰에서 익숙하게 사용하는 것처럼 아이콘이라 불리는 그래픽을 통한 보다 간편한 인터페이스^{GUI(Graphic User Interface)} 시스템을 만들어낸 것입니다.

외부적인 요소들을 복잡하게 생각하지 말고, 단순하게^{Simple}, 자기 안의 목소리에 기울이는 것. 바로 '틀어박히는 힘'이 스티브 잡스와 스티브 워즈니악, 두 스티브가 보여 주었던 이러한 창조적인 업적을 낳은 배경인 것입니다.

빌 게이츠의
틀어박히는 힘

앞서 애플을 만든 두 명의 스티브에 대해 이야기를 나누었습니다. 그렇다면 여기서 이야기를 해야 할 사람이 하나 더 있을 것 같습니다. 바로 애플과 함께 IT 역사를 이끌어간 마이크로소프트microsoft의 빌 게이츠Bill Gates 전 회장입니다.

사실 마이크로소프트의 OS인 윈도우즈Windows는 여러 모로 애플의 OS를 의식한 제품이었습니다. 스크롤의 방향이나 아이콘의 위치 등이 애플과 반대로 되어 있지요. 맥의 인터페이스가 우뇌-직감적으로 짜여 있다면 윈도우즈는 좌뇌-논리적으로 짜였다고 볼 수 있습니다. 흥미로운 것은 이러한 마이크로소프트와 애플의 관계처럼, 빌 게이츠와 스티브 잡스 역시 서로 다른 듯 닮아 있다는 것입니다. 바로 두 CEO 모두 '틀어박히는 힘'의 중요성을 누구보다 잘 알고 또 실천에 옮겼다는 것이죠.

빌게이츠는 세계적인 명문인 하버드 대학교에 입학한 수재였지만 남들이 다 원하는 순탄한 진로를 당당히 거부했습니다. 수업도 빠져가며 자신의 관심사인 컴퓨터 프로그래밍에 몰두했고, 1974년에는 친구 폴 알렌과 함께 프로그래밍 언어인 BASIC을 만들기도 했습니다. 그리고 결국 이듬해에는 대학을 중퇴하고 마이크로소프트를 설립하기에 이릅니다. 이후의 이야기는 잘 알려진 대로, 빌 게이츠와 마이크로소프트는 IT업계의 신화를 쓰고 전 세계 최고의 사업가가 되지요.

어떤 것이 그에게서 명문대 졸업생이라는 든든한 배경까지 포기하게 만들었을까요? 바로 내면에서부터 우러나오는 강한 힘이었을 겁니다. 만약 빌 게이츠가 남의 눈치를 보며 세상의 기준에 맞춰 하버드를 졸업하고 대기업에 취업하는 '순탄한'

길을 걸었다면 어떻게 되었을까요? 과연 지금의 성공을 거둘 수 있었을까요? 결국 성공을 위해서든 행복을 위해서든 중요한 것은 나 자신만이 가지고 있는 열정과 행복 기준, 내면의 목소리에 귀를 기울이는 것입니다.

미래는
내성적인 리더의 시대

당신은 내성적입니까, 외향적입니까? 이러한 질문을 받았을 때, 사회적인 분위기 탓일지 선뜻 전자를 택하기란 쉽지 않은 것 같습니다. 이렇듯 지금까지 우리 주변에는 하버드 비즈니스 스쿨에서 말하는 것처럼 외향적 리더를 목표로 삼는 분들이 많습니다. 커뮤니케이션에 능하고, 매력적으로 연설하며 조직 모두를 이끌어가는 리더. 시중에는 그런 카리스마 있는 리더가 되기 위한 책이나 프레젠테이션 책도 상당히 많이 나와 있지요. 저역시 그러한 책들을 많이 사기도 했고 노력도 해봤지만 결국 포기하게 됐습니다.

그런데 한 조사에 의하면 '나는 낯을 가린다고 생각한다.'
고 생각하는 사람이 무려 응답자의 70퍼센트나 된다고 합니다.
흔히 내성적인 성격이라고 하면 사회생활을 제대로 못한다거
나, 심하면 매니악한 오타쿠를 연상하는 사람들도 있을 것입니
다. 편견이지요. 제 주변에는 이러한 외향적인 리더와 정반대인
내성적인 리더들도 꽤 많습니다. 물론 IT라는 업계의 특성도 있
겠지만, 최근에는 여러 분야에 걸쳐 내성적이면서도 맹활약을
펼치고 있는 경영자들이 늘고 있는 추세입니다. 시대가 필요로
하는 능력인 고도의 집중력과 창의력, 두 지점에서 '틀어박히는
힘'에서 두각을 보이는 내성적인 사람들이 활약할 여지가 많아
졌기 때문입니다.

　주식회사 오케이 웨이브OK Wave의 카네토 카네모토兼元謙任
사장은 이러한 내성적인 리더의 대표주자입니다. 오케이 웨이브
는 월간 4천만 명이 이용하는 일본 최대의 Q&A 사이트로 일본
에서 인터넷을 사용하는 사람이라면 누구나 한 번쯤은 이용해본
적이 있을 거라고 생각합니다.

그는 어렸을 때 심한 왕따를 당하고 난 후 굉장히 내성적인 성격이 되었다고 합니다. 사회인이 된 뒤에는 2년간 홈리스 생활도 경험했지요. 이런 우여곡절을 겪으며 구상했던 것이 바로 온라인 Q&A 사이트였습니다. 모두가 '그걸로 돈 못 번다.' '누가 공짜로 답변을 해주겠나?'라며 반대했지만 고집스럽게 자기 구상을 밀어붙였고 마침내 성공을 거두었습니다.

"나는 인간관계에 문제가 있었고, 자신과 마주할 시간이 길었습니다. 의문이 들어도 늘 자문자답할 수밖에 없었습니다. 그것이 Q&A 사이트가 꼭 필요하다고 느끼게 된 계기였습니다."

카네모토 사장을 보고 있으면 빨간 불꽃과 파란 불꽃 이야기가 떠오릅니다. 눈으로 보기에 빨간 불꽃은 무척 뜨겁고 강한 것처럼 파란 불꽃은 상대적으로 덜 뜨겁고 조용한 것처럼 보입니다. 하지만 실제로는 파란 불꽃이 훨씬 더 온도가 높다고 합니다. 카네모토 사장은 겉보기에는 조용하지만 안으로는 뜨겁게 타오르는 파란 불꽃을 간직한, 존경할 만한 경영자입니다.

‘롤리팝’ ‘무무 도메인’ 등 합리적인 가격의 서버임대업으로 IT업계에서 이름이 널리 알려진 이에이리 카즈마家入一眞 사장 역시 내성적인 리더입니다. JASDAQ 증권시장 최연소 상장과 2014년 도쿄 도지사 선거 출마로 유명한 그는, 고등학교 1학년 때 왕따를 경험하고 학교를 그만둔 채 3년간 히키코모리 생활을 경험했습니다. 하지만 그러한 아픈 기억을 토대로 사람들의 마음을 더 잘 이해할 수 있게 되었고, 자기 자신이 가장 잘 할 수 있는 일을 찾아 성공할 수 있게 되었습니다.

먼저 '나'와
의사소통하라

지금까지 살펴보았듯이 사회적으로 성공한 사람들에게 중요한 것은 다른 사람이나 외부의 시선을 신경 쓰는 것이 아니고 일부러 외향적인 척하는 것도 아닙니다. 먼저 자기 자신에 집중하고 자신이 걸어가야 할 길의 방향을 확실하게 하는 것입니다. 바로 틀어박히는 힘을 기르는 것이지요.

혹시 틀어박히는 힘을 기른다는 것이 지나치게 소심하게 보일 수 있다거나 히키코모리처럼 세상과 단절하는 것처럼 보일까봐 고민하는 분도 계실지 모르겠습니다. 그러나 실제로 그러한 성향은 그 자체로 나쁜 것이 아닙니다. 오히려 실제로 히키코모리 경험이 있거나 내성적인 사람은 다른 사람의 감정에 대해 매우 민감합니다. 타인을 대하는 태도가 예의바르고 배려심이 있을 수밖에 없습니다. 아마 '외향적인' 의사소통 능력을 발휘하거나 회식자리에 자주 참석하는 일은 없을지 모르지만 조금만 시간을 들이면 진심으로 마음을 통하는 사이가 될 수 있습니다.

진정한 의미의 의사소통이라는 것은 단순히 겉치레뿐인 잡담을 많이 나눈다고 이루어지는 것은 아닙니다. 저 역시 예전부터 말이 많은 편도 아니었고, 잡담을 잘 하지 못했습니다. 요즘도 바로 옆 자리에 앉는 동료와 대화할 때 채팅을 통할 때가 많습니다. 동료들 역시 마찬가지고 내성적입니다. 보통은 혼자 밥을 먹습니다만, 가끔 누군가와 함께 점심을 먹고 싶어 질 때가 있습니다. 그럴 때면 먼저 저는 직원들에게 묻습니다. "맛있는 라멘집이 새로 생긴 것 같은데, 점심에 갈까?"하고요. 그러나 주변엔 저보다 더 내성적인 사람이 많아 대체로 "죄송합니다. 이번에는 좀 바빠서 패스합니다"라는 대답이 돌아오기 십상입니다. 그렇다고 회사에서 의사소통이 제대로 이루어지지 않고 있다고 생각하지 않습니다. 형식적으로 시간을 낭비하는 것보다 자신에게 솔직한 편이 더욱 제대로 된 의사소통의 첫 걸음이라고 생각합니다.

뿐만 아닙니다. 사실 저희 회사의 직원들은 거의 재택에서 일하고 있고 회의 역시 온라인으로 이루어지는 경우가 많습니다. "그렇게 해서 회사 일이 되나요?"라는 질문도 많이 받았지만, 저는 너무도 확신 있게 "네, 그럼요"라고 대답할 수 있습니다. 회사는 일정한 틀을 만들어 사원에게 강제하게끔 하는 곳이 아니라, 동등한 파트너 관계로서 스스로 생각해서 자기 몫의 일을 열심히 하도록 만드는 곳이라는 것이 제 모토입니다. 육아 때문에 회사에 출근하기 어려운 주부, 집에서 근무하는 것이 편한 프로그래머 등 다양한 사람들이 활약하면서 회사는 무척 잘 돌아가고 있습니다. 애초에 사원들을 회사라는 형식적인 틀에 넣으려고 하지 않기 때문에 그만두는 사람도 없고 모두 자신의 재능을 발휘하면서 일하고 즐겁게 일할 수 있는 것입니다.

행복을 찾는
사람들

여기서부터는 '틀어박히는 힘'을 통해 자신만의 삶의 방식을 찾고, 일과 일상 모두에서 행복과 성공을 얻은 보통 사람들에 대해 이야기하려 합니다.

① 세 명의 아이들을 키우고 있는 전업주부 A씨

A씨는 제가 운영하고 있는 인터넷 통신판매 스쿨의 수강생입니다. 결혼 전에는 회사 생활도 했었지만 아이가 생긴 뒤에는 다시 일할 엄두를 내지 못하고 있었지요. 하지만 제 수업을 듣고 집에서도 할 수 있는 사업에 대해 고민하기 시작했습니다.

처음에는 집에서 더 이상 필요가 없어진 물건을 옥션을 통해 팔면서 인터넷 판매의 요령을 익혔고, 지금은 평소 취미이던 장식과 자수를 이용해 스마트폰 케이스에 스와로브스키 장식을 단 제품을 판매해 남편의 급여보다 높은 수익을 올리고 있습니다.

② 대기업 대신 자기 사업을 선택한 B씨

B씨가 처음 제 강의를 들으러 왔을 때에는 델DELL, 아스쿠루ASKUL 같은 대기업에서 관리직에 있던 성공한 엘리트였습니다. 하지만 회사생활은 적성에 잘 맞지 않았고 만성피로에 시달리는 나날이었습니다. 그는 회사를 그만두고 다른 일을 하고 싶었지만 미래가 불투명해 잘 엄두가 나지 않았습니다. 하지만 '틀어박히는 힘'에 대해 알게 된 후 자신과의 오랜 대화 끝에 마침내 회사를 그만두기로 결정했습니다. 젊은 시절 음악과 음향기기에 심취해 전업 음악가로 활동까지 했던 그는, 자신의 경험을 살려 새로운 형태의 골전도 스피커를 개발했고 지금은 세계를 무대로 몹시 정열적으로 일하고 있습니다.

③ 얼굴 없는 천재프로그래머

제가 경영하고 있는 회사에는 정사원이 없습니다. 전원 동등한 파트너로서 각자 잘 할 수 있는 분야를 독립적으로 맡고 수익도 공평하게 나누고 있지요. 그런데 그러한 스태프 중 무려 7년이나 함께 일을 했으면서도 단 한 번도 얼굴을 보지 못한 프로그래머 C씨가 있습니다. 흔히 '히키코모리'라 불리는 성격을 가지고 있기 때문입니다. 히키코모리라고 하면 일반적인 사회생활을 못할 것 같지만, 그는 우리 회사의 훌륭한 인재입니다. 다른 프로그래머들보다 몇 배나 빠르고 정확하게 일을 처리하는 능력을 가지고 있기 때문입니다.

밖에서 근무를 할 수 없는 환경 때문에, 또 일이나 성격이 직장생활과 맞지 않아서 '일'을 하는 데 어려움을 겪고 있는 사람들이 많습니다. 하지만 제가 지금까지 말했듯이 인터넷 세상에서는 그러한 환경적 제약을 극복하고 얼마든지 자신만의 일을 구상하고 실행에 옮기고 수익을 거둘 수 있습니다. 카운슬러인 이시와 미츠루 씨는 다음과 같이 말합니다.

"많은 사람들이 외부와 떨어져 내면으로 틀어박히는 것을 두려워하고, 또 사회적인 분위기도 그러한 것에 익숙하지 않습니다. 하지만 진정한 삶의 가치를 찾기 위해서는 자기 자신만을 바라보는 시간이 꼭 필요합니다. 그것이 우리가 삶에서 불안을 제거하고 자신감을 갖고 행복으로 나아갈 수 있는 최선의 길이기 때문입니다."

④ 불화한 가정에서 화목한 가정으로

D씨는 하루하루를 몹시 바쁘게 살아가는 서비스업 종사자입니다. 직업상 많은 사람들을 만나 극도로 스트레스를 받지만, 정작 집에 가서도 쉴 수 없습니다. 아이가 셋이나 있기 때문에 혼자만의 휴식 시간을 가질 수 없는 것입니다. 따라서 일에서든 가정에서든 늘 짜증나는 상태로 인상을 찌푸리고 있고, 직장에서는 고객과 가정에서는 아내와 말다툼을 벌이는 경우도 많았습니다.

"제가 왜 짜증이 났는지 알 수 없었습니다. 하지만 아침에 출근하기 전 혼자 산책을 한다거나, 가끔씩 혼자 점심시간을 보내게 되면서 마음의 여유를 되찾을 수 있었습니다. 혼자만의 시간을 가지게 되자 여유를 되찾을 수 있었고, 직장에서도 집에서도 더 이상 싸우지 않고 화목하게 지낼 수가 있게 되었습니다."

⑤ 남에게만 좋은 사람에서 자신에게 좋은 사람으로

E씨는 모든 사람들이 입을 모아 '좋은 사람'이라고 말하는 사람입니다. 사교적이고 화술에 능해 많은 친구들과 지인이 있고, 늘 사람들과의 약속으로 스케줄이 꽉 차 있지요. 그러던 어느 날 저는 E씨가 병원에 입원했다는 소식을 듣게 되었습니다. 병명은 다름 아닌 스트레스성 위염이었죠.

"사실 저는 그렇게 사교적인 성격은 아닙니다. 혼자 조용히 있는 것을 좋아하니까요. 그런데 사람들이 대화를 걸거나 약속을 청해오면 거절을 잘 못합니다."

사교적이고 외향적인 것처럼 보였던 그도 사실은 내향적인 성격을 가지고 있었던 것이죠. 남에게만 좋은 사람으로 비추고, 정작 자기 자신에게는 정직하지 못했던 것이 병으로 나타난 것입니다.

"지금까지 남에게만 좋은 사람이었다면, 이제부터는 저 자신에게 좋은 사람이 되려고 합니다. 일주일에 하루 정도는 저 혼자만의 시간을 보내기로 했고, 약속도 거절할 수 있게 되었습니다. 덕분에 건강도, 행복도 되찾았습니다."

⑥ 외로움과 의존증에서 벗어나 행복을 되찾다

제 지인인 F씨는 매우 외로움을 잘 타는 성격입니다. 늘 누군가와 함께 있지 않으면 외로움을 느끼고 불안해하지요. 연애에 있어서도 몹시 의존적이라 상대로부터 '부담스럽다'라는 말을 들으며 관계를 맺는 데 실패한 적도 많습니다. 저는 그에게 '틀어박히는 힘'에 대해 많은 이야기를 해주었고, 그 역시 노력해주었습니다. 익숙하지 않고 쉽지 않은 과정이었지만, 지금 그는 오랫동안 자신을 괴롭혔던 외로움과 괴로움으로부터 벗어나 행복을 되찾았습니다. 카페나 공원에서 독서를 즐기기도 하고, 보고 싶은 영화가 있으면 남 눈치를 보지 않고 혼자서 영화관을 찾기도 합니다.

"지금까지 혼자 영화를 보러 가는 사람은 외로운 사람이라고 생각했습

니다. 다른 사람을 만나왔던 것도 즐거워서라기보다는 불안한 마음을

없애기 위해서였죠. 그런 마음이 상대에게 편하게 다가올 리 없고, 저

역시 행복할 수 없었습니다. 지금은 좋아하는 것을 혼자 즐기는 것이 행

복합니다. 누군가와 만나는 시간과 혼자 있는 시간의 균형을 찾으니 타

인과의 관계도 무척 편해졌고 행복할 수 있게 되었습니다."

혼자만의 Cafe

조용한 보스가 조직을 성공으로 이끈다

리더에는 외향적인 성격이 어울릴까, 내성적인 성격이 어울릴까? 일반적으로 사람들은 전자라고 대답할 것입니다. 하지만 애덤 그랜트 와튼 경영대학원 교수의 실험은 오히려 후자가 조직을 더욱 효율적으로 이끌 수 있음을 보여줍니다.

실험1.

A 피자회사 130개 가맹점 수익률 조사결과(직원들
이 적극적인 경우 리더십에 따른 수익률 비교)

실험2.

학생 163명을 대상으로 한 티셔츠 접기 실험(각 조는
1명의 리더와 4명의 직원으로 구성되며 10분 이내에 보
다 많은 양의 티셔츠를 접는 조 비교)

피자회사 가맹점의 수익률 조사나 티셔츠 접기 실험 모두 외향적이고 독선적인 리더보다 내성적이지만 조직 내 의사소통을 원활히 이끌어내는 리더가 조직을 이끌 때 보다 효율성이 있음을 입증했습니다. 이 결과에 대해 그랜트 교수는 다음과 같이 말하고 있습니다. "외향적인 리더는 직원들이 적극적으로 나설 경우 자기 자리에 위협을 느끼게 되어 그들이 내놓는 아이디어도 잘 수용하지 않고는 합니다. 그와 달리 내성적인 리더들은 직원의 목소리에 주의 깊게 귀를 기울이기 때문에 지원들은 스스로 가치를 인정받는다고 느끼고 더욱 열심히 일하게 되는 것이죠."

제4장

틀어박히는 힘으로
50만 명과 비즈니스

실생활에서의
틀어박히는 힘

지금까지 '틀어박히는 힘'이 갖는 장점에 대해 이야기를 나누었습니다. 그런데 '틀어박히는 힘'을 키우는 것이 좋다는 것은 알겠는데, 어떻게 실행에 옮길 수 있을지 고민하는 분도 계실 겁니다. 당장 생활을 위해 해야만 하는 일이 있는데 틀어박히기란 쉽지 않기 때문이죠.

그렇습니다. 사람은 살기 위해 일하지 않으면 안 됩니다. 일을 할 때 사람과의 관계를 완전히 단절하는 것도 불가능하고요. 무인도에 살고 있는 것이 아닌 이상 말이죠. 앞서 3장에서는 소프트뱅크 손정의 회장이나, 애플의 두 스티브를 통해 '틀어박 히는 힘'의 위력을 살펴보았다면, 이번 장에서는 제 이야기를 통 해 '틀어박히는 힘'을 기르는 법과 실생활에 어떻게 적용했는지 살펴볼까 합니다.

초등학생 시절의
비지니스

　사업에 실패하고 야반도주를 하기 전 저희 아버지는 스무 명 남짓의 종업원들이 일하는 건실한 회사를 운영하고 있었습니다. 그러나 사업에 실패하자 8억 엔의 막대한 빚을 지게 되었고, 야반도주하여 산속에서 살게 되었습니다. 거짓말 같지만 처음에는 수도도 없어서 빗물을 모았다가 마시고 먹을 것이 없어서 잡초를 뽑아먹는 일도 비일비재했습니다. 지금이야 "잡초도 한 번 드셔보세요. 유기농인데다가, 기운도 납니다!"라고 웃으며 말할 수 있지만, 당시에는 정말 힘들었습니다. 지금도 본가는 그곳에 있지만 산 정상 부근에 위치하고 있어서 여전히 저희 가족 외에는 아무도 살지 않습니다.

당연히 친구도 부를 수 없었고, 대부분의 시간을 혼자 지내게 되었습니다. 학교까지는 도보로 2시간 정도 걸렸고 교통비에 쓸 돈조차 없었기 때문에 부모님이 데리러 오지 않으면 늘 걸어서 통학했습니다. 외톨이였지요. 그렇게 혼자만의 시간을 가질 때마다 저는 자연 풍경을 바라보며 여러 가지 생각을 했습니다. 사업가인 아버지의 영향일까요? 무엇인가 제가 할 수 있는 일은 없을까 고민하기 시작했습니다.

아무것도 없는 것처럼 생각되지만, 또한 많은 것이 있는 곳이 산입니다. 저는 당시 문구점이나 슈퍼에서 마리당 500엔 정도에 팔리던 장수풍뎅이를 떠올렸습니다. 하지만 장수풍뎅이를 한 마리씩 잡는다고 하면 무척 어려운 일입니다. 저는 나무의 뿌리 부분에 장수풍뎅이의 유충이 많다는 사실을 알고 있었고, 그렇게 유충을 키워서 마리당 100엔 정도에 판매하는 제 '첫 사업'을 성공시킬 수 있었습니다.

성공의 비법,
내 비위를 맞추며 살다

유년시절 저는 어려운 상황을 겪을 때마다 해결책을 제 자신과 그 주변에서 구했습니다. 산속에서 보냈던 유년기는 외로운 시간이기도 했지만, 또한 저 자신에게 충실한 시간이기도 했습니다.

저는 스무 살에 히타치 계열^{Hitachi, Ltd.}(일본의 대표적 대기업으로 전기기기 등을 다루는 종합 제조회사) 소프트웨어 회사에 취직했습니다. 어릴 적, 형이 선물 받은 컴퓨터를 조금씩 만지다가 진로가 정해진 것이죠. 직장생활은 보통 회사보다 자유롭고 나쁘지 않았습니다만, 저는 좀 더 제가 하고 싶은 것을 하고 싶었습니다.

그래서 처음으로 시작한 것이 바로 홈페이지 배너 광고였습니다. 당시에는 인터넷이나 홈페이지가 생소한 시대였는데, 저는 개인적으로 흥미를 가지고 있던 해외 제품 정보를 정리하는 한편, 배너 광고를 달아 수익을 도모했습니다. 회사에 다니던 시절만 따지면 한 달에 50만 엔가량의 부수입을 얻기도 했지요. 이 부업의 성공으로, 마침내 저는 독립을 결심하게 되었습니다. 회사 일을 마치고 혼자 생각에 잠길 때면 무한한 사업 아이디어가 떠올랐습니다. 무엇보다 제가 좋아하는 일을 하며 살고 싶고, 또 잘 할 수 있다는 자신감도 있었습니다. 한 번뿐인 인생의 소중한 시간을 다른 누군가를 위해서가 아니라 바로 '나'를 위해서 살아야겠다는 각오를 다졌습니다.

집에서 장시간 업무를 하다 보면 일에 집중하기가 쉽지 않습니다. 인간의 집중력은 그렇게 길지 않지요. 특히 제 경우는 더욱 짧아서 10분 이상 집중력을 유지하기가 어렵습니다. 그래서 저는 제 성격과 잘 맞으면서 집중력 있게 몰입할 수 있는 방법을 생각해냈습니다.

① 질리지 않도록 즐겁게 일하는 방법을 찾아라

첫째는 '질리지 않고 즐겁게' 일하면서, 때때로 저 자신에게 '포상'을 주는 방법입니다. 제가 일하는 방식은 독특합니다. 30인치의 모니터에 진행 중인 일을 늘어놓습니다. 그리고 10개 정도 되는 일을 동시에 진행시킵니다. 각각의 일을 10분 정도씩 번갈아 하면서, 질리지 않고 집중력을 유지합니다.

② 때때로 포상을 주어라

또한 가끔씩은 목표로 세운 업무 목표에 가까워지면 "그래, 여기까지만 하면 상을 받아도 되겠어"라고 저 자신을 독려합니다. 맛있는 라멘을 먹으러 가기, 인터넷 쇼핑하기 등 상이란 어떤 것이든 좋습니다. 특히 저는 다양한 영상을 보는 것을 좋아하기 때문에, 영화, 드라마, 애니메이션…. 다양한 '상'을 구비해 놓고 있습니다. 단 30분의 프로그램만으로 하루 종일 동기부여가 되어 일할 수 있습니다.

③ 자신만의 업무 사이클을 찾아라

한때 아침형 인간이라는 말이 유행하기도 했습니다. 하지만 저는 사람들마다 생활이나 일에 있어 적합한 사이클이 다양하다고 생각합니다. 저의 경우에는 오전에 컨디션이 좋기 때문에 주로 신규 비즈니스 구상과 같은 창조적인 업무를 처리합니다. 그리고 온라인 미팅 등 일상 업무는 오후에 처리합니다. 또 가끔 식사 시간에 업무 파트너를 초대하기도 합니다. 야구나 축구 경기에서처럼 때로는 원정 경기보다 홈 경기일 때 일이 더 살풀리기 때문이죠.

일을 할 때 가장 중요한 것은 동기부여입니다. 즉, 자신이 즐겁게 일할 때 최대한 집중력을 발휘할 수 있고, 일도 원활하게 진행될 수 있습니다. 그렇다면 '나'는 과연 어떤 스타일로 일하는지, 어떤 것에 즐거워하는지, 집중력을 잘 유지할 방안은 어떤 것이 있을지 한번쯤 고민해볼 필요가 있지 않을까요? 이러한 질문은 다른 사람에게 답을 구할 수 있는 것이 아닙니다. 바로 나 자신을 마주하고 물을 때 그 대답까지 구할 수 있는 것입니다.

저는 명상을 무척 좋아합니다. 어느 때든 어떤 곳에서든 저 자신과 깊이 소통할 수 있게 도와주기 때문입니다. 바로 틀어박히는 힘을 길러주는 것이죠. 목욕탕, 화장실, 카페, 심지어 군중 속에서도 가능합니다. 흔히 의사소통이라고 하면 타자와의 관계만 생각하는 경우가 많은데 사실 정말 중요한 것은 자기 자신과의 대화이지요. 타인에게 너무 신경을 쓴 나머지 자신은 억누르고만 있다면 의사소통을 잘 하는 사람이라고 말할 수 없습니다. 무엇보다 우리는 스스로 '나 자신'을 좋아하는 방법을 찾아야 합니다.

겉으로는 아무리 완벽하게 보이는 사람이라고 하더라도 단점은 있습니다. 열등감이나 콤플렉스가 있을 수도 있고요. 이는 인간이기 때문에 당연합니다. 중요한 것은 그것을 어떻게 극복하고, 자기 자신을 좋아할 수 있을지 생각하는 것입니다. 제 개인의 경험으로 말씀드리면 무려 세 차례나 히키코모리 생활을 한 끝에, 겨우 저 자신을 받아들일 수 있었습니다. 긴 여정이었습니다.

눈치만 보는
아웃사이더는 되지 마라

사회생활에 충실한 사람을 인사이더라고 합니다. 이 인사이더 그룹에 끼지 못한 사람을 아웃사이더라고 하지요. 아웃사이더에는 혼자가 외롭지만 커뮤니케이션에 능하지 못한 사람도 있을 수 있고 그냥 혼자 있기를 좋아하는 사람도 있을 것입니다.

하지만 인사이더가 되기 위해, 또는 인사이더 그룹에 끼지 못해 늘 타인의 시선을 의식하며 주변을 두리번거리는 사람도 있습니다. 혼자 밥을 먹는다는 것은 이들에게 무척 창피한 일입니다. 그런 모습을 다른 누가 본다는 것은 공포지요.

저도 학생 때 외톨이였던 적이 있습니다. 인사이더가 되고 싶었지만, 주변의 눈치만 보는 아웃사이더였죠. 하지만 지금은 그렇지 않습니다. 인사이더가 된 것은 아니고, 이제 더 이상 주변의 눈치를 살피지 않기 때문입니다. 제1장에서도 말했지만, 사람들은 '인간관계의 단절'에 대해서 지나치게 불안해하는 것 같습니다. 저는 인간관계의 단절을 의식적으로 생각하면서 행동한 적은 거의 없습니다.

여러분 앞에는 두 개의 선택지가 있습니다. 내 자신을 해치면서까지 관계를 유지하는 것과, 아니면 관계 대신 자기 자신을 돌보는 것. 만약 후자를 택할 경우 관계가 소원해지거나 없어질 수도 있을 것입니다. 그 과정에서 갈등이나 고통이 있을 수도 있고요. 하지만 중요한 것은 용기입니다. 저는 사람끼리 끌어당기는 주파수가 존재한다고 생각합니다. 만약 용기를 가지고 내면으로부터 우러나오는 두근거림을 선택한다면, 그러한 선택에 걸맞은 사람을 자연스럽게 만날 수 있다고 생각합니다.

나만의 스타일을
찾아라

자신만의 스타일로 살아가는 것이 행복을 찾는 방법입니다. 저는 일을 할 때나 가정생활을 할 때 모두 저만의 스타일을 찾으려고 노력합니다. 흔히 일은 일, 가정은 가정이라는 식으로 사업과 사생활을 확실히 구분 짓는 사람도 있지만, 저는 양쪽 모두가 즐겁습니다. 그렇기 때문에 제 스케줄 표에는 사업과 가정의 일이 조화롭게 어우러져 있습니다. 모두 제 스타일에 맞는, 즐겁게 할 수 있는 방법을 찾으려 노력했기 때문이죠.

먼저 업무를 예로 들면, 저는 '잡담력'에 신경을 쓰지 않습니다. 즉 불필요한 안부 인사나 잡담을 신경 쓰는 대신 온라인 채팅이나 메일, 스카이프Skype(인터넷에서 음성 또는 영상으로 무료 통화를 할 수 있는 프로그램) 등을 활용합니다. 낭비하는 시간이 없고, 안건에만 집중할 수 있기 때문입니다. 또한 기록도 확실하게 남습니다. 굳이 대면해서 일을 처리해야 할 사안이 아니라면, 이렇게 처리하는 것이 효율적이죠. 매사에 워밍업을 과도하게 할 필요는 없습니다. 잡담이 전혀 필요 없다는 것은 아니지만, 업무나 회의를 할 때에는 잡담을 삼가는 것이 좋습니다.

가정생활에 있어서는 일과의 균형을 잘 찾으려고 합니다. 보통 사람들은 낮에 직장에서 일을 하고, 저녁에는 집으로 돌아와 잠을 잡니다. 회사에 나가지 않는 주말이라고 해도 혼자만의 시간을 갖기 어렵지요. 아마 배우자에게 '혼자 있고 싶다'고 말한다면 싸움이 나기도 쉬울 겁니다.

하지만 저는 가정생활에 충실한 것과 혼자만의 시간을 갖는 것이 배치된다고 생각하지 않습니다. 저는 2013년에 결혼했는데, 아내는 화가여서 저와 마찬가지로 혼자만의 시간을 중요하게 생각합니다. 저는 일주일에 3~4일 정도는 집으로 돌아가고, 나머지 절반은 회사에서 지내고 있습니다. 일중독이어서, 혹은 돈을 위해서 그러는 것은 아닙니다. 아내와 아이를 보고 싶은 마음이 당연히 들지만, 저는 '틀어박히는' 시간을 통해 휴식을 가짐으로써 그 외의 시간에 가정과 사업 모두에 더 충실할 수 있다는 것을 잘 알기 때문입니다.

객관적으로 매일 집으로 돌아가는 회사원은 정말 대단하다고 생각합니다. 도시에서는 출퇴근 시간이 긴 사람도 많고, 대중교통을 이용할 경우 받게 되는 스트레스가 이만저만이 아닐 겁니다. 누군가는 제가 가족에 무신경하고 육아에도 협력하지 않는 부모라고 생각할 수도 있겠습니다만, 오히려 그렇게 시간을 낭비하고 스트레스를 받을 경우 기진맥진한 상태가 되어서 일과 가정에 충실할 수 없게 되는 것은 아닐까요?

저는 하고 싶은 것에 대한 리스트를 만들어 매일 아침 그것을 봅니다. 일을 하는 것은 돈을 벌기 위해서만이 아닙니다. 돈을 벌 수 있어도 재미가 없으면 하지 않습니다. 재미있지 않은 일을 제외하면 당연히 즐거운 일만 남게 되는 것이죠. 틀어박히는 시간을 통해 몸과 마음을 충전하고, 남은 시간은 저와 가족의 행복을 위해 사용합니다.

인생은
게임이다

앞 장에서 저는 경영하고 있던 회사를 해산한 뒤 3년가량 히키코모리 생활을 한 적이 있다고 말씀드렸습니다. 저는 그때 "아, 인생은 게임 같구나"라는 것을 깨닫게 되었습니다. 제가 좋아하는 게임 중에 드래곤퀘스트(에닉스-현 스퀘어 에닉스-사에서 발매한 가정용 비디오 롤플레잉게임^{RPG} 시리즈. 1986년 이래 시리즈가 계속 발매되고 있다)가 있습니다.

캐릭터를 선택해 그 캐릭터가 맡은 역할을 수행하는 게임이지요. 현실 세계에서 저는 게임에 나오는 NPC$^{Non-Player}$

Character(게임 상에서 플레이어를 돕는 조연 캐릭터) 같은 존재였습니다. 그때까지 제게 주어진 배역대로 그저 주어진 레일 위에서만 움직이면 된다고 생각했고, 사실 있어도 그만 없어도 그만인 존재라고 생각했기 때문에 수동적으로밖에 살 수 없었습니다. 그러다 오히려 히키코모리 생활을 통해 나 자신에게 집중하는 방법을 익히게 되었고 삶을 보다 주체적으로 살아야겠다는 생각을 하게 됐습니다. 적어도 제 인생에서 저는 NPC가 아니라 주역이었고, 앞에 놓인 다양한 장애도 게임에서 '클리어'해야 하는 과정 중 하나라고 생각하게 되었습니다. 게임 프로그래머의 시점에서 세계를 바라볼 수 있게 된 것이죠. 제 첫 책인 『인생에서 중요한 것은 모두 RPG에서 배웠다』에서 이러한 깨달음에 대해 정리했는데, 17만 명 이상의 독자들께서 공감해주셨습니다.

50만 명을 사로잡은 비즈니스

제가 콘택트렌즈의 통신판매를 시작한 것은 1998년부터 입니다. 당시 국내에서 이 사업을 하는 것은 저 혼자뿐이었습니다. 라쿠텐Rakuten의 미키타니 코지三木谷浩史 사장은 당시를 회상하며 이렇게 말하고 있습니다. "창업할 때 인터넷몰을 시작할지 인터넷으로 콘택트렌즈 판매업을 할지 고민했다."

당시엔 인터넷 보급률이 매우 낮았고, 인터넷으로 물건을 산다는 것을 상상하기 어려울 때였습니다. 하지만 저부터가 "콘택트렌즈를 인터넷으로 구매할 수 있다면, 가게에 가서 사는 것보다 훨씬 편할 텐데…"하는 생각을 오래 했었고, 과감하게 사업을 시도하게 되었습니다.

이러한 생각에서 시작한 사업은 17년이 지난 지금 고객수 50만 명을 넘는 규모가 되었습니다. 특히 애플 사가 아이폰 3G를 출시한 2008년은 가히 '스마트폰 혁명'이라고 부를 만한 것이었습니다. 저는 조만간 스마트폰이 생활의 주가 되는 시대가 올 것을 예감했고, 재빠르게 새로운 사업 아이템을 생각해냈습니다. 바로 스마트폰케이스 판매업이었습니다. 당시 국내에는 스마트폰케이스가 없었고, 저는 해외에서 아이폰3G 케이스를 수입해 국내에 판매했습니다. 결과는 대성공이었습니다!

이후 저는 안주하지 않고 제품의 차별화를 계속해, 재택근무하는 주부 사원이 만든 라인스톤 장식의 케이스를 판매해 연이어 성공시켰습니다. 지금은 디자이너 크리스티안 라센Kristian Larsen이나 만화가 아마노 요시타카天野喜孝와의 콜라보도 진행하고 있고, 그 외에도 스마트폰 케이스 디자인을 통해 국내 젊은 아티스트의 해외진출도 지원하고 있습니다.

흔히 사람들은 트렌드를 좇아가야 한다고 말합니다. 하지만 트렌드라는 것은 결국 많은 사람들이 이미 하고 있는 것이지요. 즉, 이미 사업가치가 떨어진 포화상태, 레드오션입니다. 사업을 할 때 정말 중요한 것은 블루오션 시장을 여는 것입니다. 그것을 가능하게 하는 것은 창의적인 사고이고, 창의적인 사고는 단순히 트렌드만 좇아서는 생겨날 수 없습니다. 오히려 창의성은 자기 내면에 더욱 몰입하고, 정말 잘 할 수 있는 것에 대해 고민할 때 생겨날 수 있습니다. 저 역시 제가 가장 좋아하고 잘 할 수 있는 IT분야에 몰두함으로써 도리어 다른 사람들보다 훨씬 빠르게 트렌드를 창출할 수 있었습니다.

저는 1997년부터 위에서 설명한 제 사업과 함께, 개인이나 기업의 컨설팅도 함께 하고 있었습니다. 컨설팅이라고 하면 거래처인 기업으로부터 높은 계약금을 받고 사업에 대해서도 조금 거만하게 조언을 한다는 이미지가 있습니다만, 제가 하는 컨설팅은 그렇지 않습니다. 제 고객 중에는 상장기업도 있고 창업을 목표로 하는 개인도 있습니다. 전자의 경우 맨투맨 컨설팅을 할 때도 있습니다만, 대부분은 스카이프 등을 통해 그룹 온라인

컨설팅을 합니다. 참가자들끼리 의견을 교환하거나 아이디어를 공유하는 것도 가능하죠. 이러한 방법을 통해 월 1만 엔 정도로 서비스를 제공할 수 있습니다. 제 컨설팅을 받고 있는 개인이나 기업의 유통총액을 합치면 2천억 엔이 넘습니다.

인터넷의 보급으로 인해 집에서도 어느 때나 컴퓨터나 스마트폰을 통해 정보를 얻고 교육을 받을 수 있게 됐습니다. 제가 만든 인터넷 온라인 스쿨은 바로 이러한 인터넷의 장점을 활용해 회사원이나 주부를 대상으로 개인 사업에 관한 교육을 하고 있습니다. 2013년에 개교한 이래 연간 약 250명 이상의 학생이 입학하고 있지요. 영상을 통해 기본 지식을 자신의 페이스로 공부할 수 있고, 실시간으로 강의에 참여해 질문하는 것도 가능합니다. 저는 인터넷에서 다양한 상품을 판매하면서 사업을 배웠고, 제가 배운 것을 커리큘럼으로 만들어 수강생에게 제공하고 있습니다. 지금은 많은 기업의 E-러닝E-Learning도 제공하고 있지요.

이렇게 저의 사업 변천사를 되돌아보면 그 원천에는 다음과 같은 욕구가 있다는 것을 알 수 있습니다. 바로 "되도록 집 안에서 일하며 내 방식대로 사업을 진행하겠다"는 것과 "일대일이 아닌 일대다, 되도록 많은 사람들에게 가치를 전달하겠다"는 것입니다.

자동화할 수 있는
비즈니스를 하라

사업을 하면서 시간도 자유롭게 쓸 수 있다면 얼마나 좋을까요? 흔히 사업을 하면 시간을 여유롭게 즐길 수 없는 경우가 많지만, 자동화할 수 있는 비즈니스라면 어떨까요? 사람, 장소, 시간의 제약을 받지 않고 일할 수 있다면 말입니다.

오늘날 대부분의 근로자들은 자신이 가지고 있는 시간을 잘라서 파는 노동을 하고 있습니다. 일을 하면 할수록, 보수를 받으면 받을수록 정작 자신이 자유롭게 쓸 수 있는 시간은 줄어드는 것이죠. 하지만 창조적인 일은 어떨까요?

시스템을 만드는 창의적인 아이디어를 만드는 사업, 시간과 장소에 상관없이 생각하는 것만으로 자동적으로 비즈니스가 이루어지는 사업. 이런 사업을 한다면 많은 사람들이 꿈꾸는 '일하고 싶을 때에만 일하는 것'이 가능해질 것입니다. 그리고 이러한 창조적인 일은 우리가 우리 자신의 내면과 마주하는 시간을 가지면서 '틀어박히는 힘'을 키울 때 가능합니다.

흔히 '사업수완이 좋다'는 말을 듣는 사람은 정작 사람, 장소, 시간적인 자유를 누리지 못하는 경우가 많습니다. 하지만 '틀어박히는 힘'이 센 사람, 즉 창의적인 일을 할 수 있는 사람은 이 세 가지로부터 자유를 누리면서도 즐겁게 일을 할 수 있습니다.

구글Google의 창업자이자 CEO인 래리 페이지Larry Page는 이렇게 말했습니다. "20년 후면 당신이 원하든지 원하지 않든지 일의 대부분은 기계에 의해 대행될 것이다." 앞으로는 일상생활은 물론 물건을 만드는 공장 등 사회 거의 모든 부분이 기계와 인터넷에 의해 자동화될 것입니다. 바로 사물인터넷과 인더스트리4.0의 시대가 다가오는 것이죠. 자동조종이 가능한 자동차, 물건 배달이 가능한 드론, 최신식 전자동 의료기구 등 현재 계발 단계에 있거나 지속적으로 성능 향상이 이루어지고 있는 기술들입니다. 그리고 이러한 기술의 발전은 운전수, 택배업, 웨이터, 간호사 등과 같은 많은 직업들을 사람에서 기계로 대체하는 데 기여할 것입니다. 멀지 않은 미래에는 지금까지 인간이 해왔던 많은 직업, 일 들이 사라질지도 모릅니다.

이러한 이야기를 들으면 할 일이 없어진다며 불안해하시는 분도 계실 것입니다. 게다가 점차 평균수명이 늘어나고 있는 시점에서 일생동안 할 수 있을 일을 찾는 일은 더더욱 시급한 문제로 부각되고 있지요. 하지만 걱정만 하고 있다고 문제가 해결되지는 않습니다.

앞에서는 새로운 시대의 그림자를 부각시켜 이야기했지만, 사실 그러한 시대는 달리 보면 별다른 기술과 축적된 자본 없이도 좋은 아이디어만으로 새로운 사업을 창출할 수 있는 사회이기도 합니다. 따라서 당신은 '오직 당신만이 할 수 있는 것'

이 무엇인지 고민해보아야 할 것입니다. 당신이 좋아하는 것은 무엇입니까? 또 당신이 가장 잘 할 수 있는 일은 무엇입니까? 당신에게서 태어난 새로운 아이디어가 관점이 새로운 사업이 되고, 또한 세상에 기여할 수 있는 훌륭한 시대가 바로 우리 눈앞에 있습니다.

자신만의 No.1.
니치 비즈니스를 만들어라

인터넷의 등장과 보편화는 지금까지 리더십을 발휘하기 어려웠던 내성적인 사람들이나 능력을 발휘할 기회를 얻기 어려웠던 사람들에게 많은 기회를 열어주었습니다. 모든 사람들이 자신만이 가지고 있는 특기나 재능을 활용해 사업을 만들 수 있는 시대가 된 것입니다. 저는 세미나나 강연을 통해 '자신만의 니치 비즈니스Niche Business(틈새 시장을 공략하는 산업)'를 찾아야 한다고 강연해왔습니다. 지금부터는 이것에 대해 설명하겠습니다.

예를 하나 들어봅시다. 인터넷이 없던 시대에 반경 5km

정도의 주민 1만 명의 작은 마을에서 사업을 시작했다고 칩시다. 그것도 애니메이션 〈도라에몽〉에 나오는 캐릭터의 상품을 파는 조금 마니악한 사업을 말입니다. 사실 도라에몽은 대중적으로도 꽤 알려지고 인기 있는 작품이고, 캐릭터 상품 역시 좋아하는 사람들이 꽤 있을 것입니다. 하지만 상권은 반경 5km 정도에 불과합니다. 게다가 마을 사람 1만 명 중에 그 캐릭터를 너무 좋아해 굳이 상품까지 사러 가게에 오는 손님은 몇이나 될까요? 아무리 당신이 도라에몽에 관한 일본 최고의 전문가이고, 누구 못지않은 열정을 가지고 사업을 꾸린다고 해도 만족스러운 수익을 거두기란 몹시 어려울 것입니다. 하지만 인터넷을 통한다면 어떨까요?

사업장이 위치한 지역적인 제한을 더 이상 받지 않고, 상권은 순식간에 일본 전역 나아가 세계가 됩니다. 1만 명이 아니라 70억 명을 대상으로 한다면 도라에몽 캐릭터를 좋아하는 마니아를 꽤 많이 찾을 수 있지 않을까요?

먼 미래의 일이 아닙니다. 이미 인터넷 해외배송을 통한

'직구(직접구매: 소비자가 인터넷을 통해 해외의 물품을 직접 구매하는 것)'는 많은 사람들에게 일상화되어 있습니다. 이제 시장은 사람이나 장소에 구애받지 않고 얼마든지 넓어질 수 있는 것이지요. 그렇다면 앞으로 우리가 사업을 할 때 고민해야 할 것은 자신이 정말 좋아하고 잘 할 수 있는 것이 무엇인지 알아보는 것이 먼저 아닐까요? 나와 비슷한 취미, 필요를 가진 사람이 지구상에 단 0.1퍼센트만 있어도 사업은 성공할 테니 말입니다.

실제로 제가 해왔던 사업은 좋아하는 것을 살려서 했던 'No.1. 니치 비즈니스'였습니다. 라이벌이 북적거리고 가격파괴가 비일비재하게 일어나고 있는 '빨간 바다Red Ocean'가 아니라, 블루오션에서 새로운 시장의 가능성을 열었던 것입니다. 그곳에서는 오직 최고만이 살아남습니다. 자신이 최고로 잘 할 수 있는 사업 아이템을 고민해 보세요.

제5장

틀어박히는 힘 수련법

이 장에서는 오늘부터 당장이라도 실천할 수 있는 다양한 '틀어박히는 힘' 수련법을 소개하도록 하겠습니다. 가장 기본적인 것은 늘 의식적으로 다음과 같은 마음가짐을 갖는 것입니다.

- 하루에 약간씩이라도 혼자만의 시간을 가지기로 마음먹는다. 단 5분이라도 좋다.

- '틀어박히는 시간'은 일정이 없는 시간이 아니라, 자신만을 위해 쓰는 시간이다. 그 시간에 다른 약속이 들어와도 잡지 않는다.

- 혼자만의 시간에는 직장, 친구 등 외부에 관한 어떤 생각도 하지 않

고, 오직 자신만을 위해 쓴다.

　지금까지 의식하지 않았던 혼자만의 시간을 의식하게 되면, 같은 시간이라도 새로운 의미가 부여될 것입니다. 구체적으로 어떤 생각을 하고 어떻게 시간을 보내야 할지 모르겠다는 분들도 계실 것입니다. 외로움을 느끼거나, 무리를 해서라도 다른 약속을 잡아야 시간이 아깝게 느껴지지 않는 분들도 계시겠죠. 하지만 '틀어박히는 힘'을 기르기로 마음먹었다면, 위의 세 가지는 반드시 명심합시다. 혼자만의 시간은 무의미한 시간이 아니라, 현대사회를 살아가는 모두에게 절대적으로 필요한 시간이며 가치 있는 시간입니다.

첫째,
일상적인 공간을 활용하라

'틀어박히는 힘'을 키울 수 있는 공간은 따로 있는 것이 아닙니다. 욕조, 화장실, 카페, 공원, 차 안, 이른 아침의 한적한 사무실…. 일상적인 공간 어디든 상관이 없습니다. 언뜻 의미가 없어 보이는 시간, 낭비라고 생각되는 시간을 활용해도 좋습니다. 전철이나 버스를 타고 이동하는 시간을 활용해도 좋습니다. 중요한 것은 그 시간만큼은 내면에 몰두하는 것을 의식적으로 최우선 과제로 삼는 것입니다. 특히 저는 창의적인 일을 할 때, '틀어박히는 시간'을 가지며 스스로에게 질문을 던지고 '번뜩임'이 떠오를 때까지 기다리는 것을 즐깁니다.

둘째,
명상법을 활용하라

명상법은 '틀어박히는 힘'을 기르는 가장 효과적인 수단 중 하나입니다. 애플의 스티브 잡스가 젊은 시절부터 집 다락방에 명상실을 만들 정도로 명상 애호가라는 것은 앞서 이야기했지요. 꾸준함으로 유명한 야구선수 스즈키 이치로鈴木一朗나 특색 있는 미국 팝가수 레이디 가가Lady GaGa 역시 집중력과 심리적인 안정을 취하기 위해 명상을 즐긴다고 합니다.

명상법은 마음을 정돈하고 창의적인 생각을 하는 데에도 매우 효과적입니다. 하지만 시간에 쫓기며 살아가는 많은 사람들에게 명상은 사치처럼 느껴질지도 모릅니다. 여기서 저는 그들을 위해 제가 애용하고 있는 30초 명상법을 알려드리려고 합니다.

〈1단계〉

먼저 눈을 감고 숨을 내쉬며 배를 납작하게 만듭니다. 숨을 들이쉴 때 배에 공기가 차는 것을 느낍니다. 3초 정도 호흡을 멈추고 될 수 있는 한 천천히 입으로 숨을 내쉽니다. 머리에 떠오르는 것들을 붙잡지 않고 그냥 흘러가게 두면서, 되도록 차분한 기분을 가집니다. 중요한 것은 내 안에 다양한 생각들이 있다는 것을 깨닫는 것입니다. 그러한 것들 하나하나에 집착하지 않고 그저 내버려 둠으로써 정리하는 것입니다.

〈2단계〉

눈을 감고, 숨을 들이쉴 때 새로운 에너지를 받아들여 흡수한다는 이미지를 가집니다. 반대로 숨을 내쉴 때에는 신체의 피로나 부정적인 생각을 날숨과 함께 밖으로 내보낸다는 느낌을 가집니다. 천천히 온 몸의 긴장을 풀면서 머리에 떠오르는 생각은 붙들지 않습니다. 사고를 정지하게 되면 내면의 더욱 깊은 곳과 연결되는 느낌이 들 것입니다.

〈3단계〉

1, 2단계까지 습관화되었다면, 언젠가 자신의 내면 깊은 곳에 접근하게 되는 순간과도 마주하게 될 것입니다. 명상은 일상생활의 고통이나 불안, 좋은 것과 나쁜 것 하나하나에 휩쓸려 감정을 소모하는 것에서 벗어나 중립적인 위치에 자신을 두는 것입니다. 우리의 감정을 변화시키는 것은 외부의 일 자체가 아닙니다. 바로 그러한 일을 판단하고 의미부여를 하는 우리 자신이지요. 불쾌한 일도 시간이 지나면 아무렇지 않게, 어쩌면 좋은 경험으로 생각할 수도 있을 것입니다.

명상을 통해 늘 내면의 자신과 연결되어 있다는 기분을 가지십시오. 모든 상황과 감정을 통제하는 것은 바로 나 자신입니다. 스트레스도, 외로움이나 괴로움도 모두 외부 상황에 의해 어쩔 수 없이 겪는 것이 아니라, 우리 스스로 통제할 수 있는 것입니다.

셋째,
연결을 차단하라

내면의 자신과 마주하기 위해서는 외부와의 연결을 어느 정도 차단할 필요가 있습니다. 흔히 사람들은 퇴근 후 집으로 돌아오면 제일 먼저 TV부터 켜는 경우가 많습니다. 특히 혼자 사는 사람들의 경우 TV를 보지 않아도 외로운 느낌 때문에 그렇게 하는 경우가 많습니다. 하지만 TV는 우리 내면의 본질적인 외로움을 다스리는 데 오히려 방해가 됩니다. 적어도 명상을 하는 순간만큼은 TV를 꺼둡시다. 정보는 외부로부터 흘러나오는 것을 그대로 받아들이는 것이 아니라 능동적으로 손에 얻을 때 가치가 있습니다. 정보가 흘러넘치는 인터넷 시대일수록 정보를 주체적으로 통제할 필요가 있습니다.

아침에 일어나서 뉴스를 보는 행동 역시 그만둡시다. 대개 아침에 보도되는 뉴스의 절반 이상은 부정적인 사건 사고입니다. 아침부터 부정적인 정보에 자신을 노출하기보다, 차분한 음악을 듣거나 명상을 통해 생각을 정리하고 말끔한 기분으로 하루를 준비합시다.

넷째,
장소에 습관을 배게 하라

우리는 장소에 따라 몸과 마음이 습관적으로 세팅됩니다. 업무는 업무실에서, 휴식은 집에서 하는 것이 가장 편하게끔 습관이 되어 있지요. 그렇다면 우리가 내면과 마주할 때에는 가장 심리적 안정을 찾을 수 있는 장소를 찾는 것이 좋습니다. 만약 집이나 방에서는 안정이 되지 않을 때에는 안락한 카페 같은 곳을 찾는 것도 좋습니다.

저는 개인적으로 '집'을 업무실이자 주요 명상 장소로 활용하기 때문에, 이사를 갈 때에는 가격을 따지지 않고 안락하고 좋은 기분을 느낄 수 있는 곳을 택합니다. 도심지와 떨어져 자연과 가까운 곳에서의 생활도 좋지만, '안락하고 편안한 곳'이 꼭 그런 곳만을 말하는 것은 아닙니다. 저는 IT 업계의 동료들이 많은 곳에서 살고 있는데, 산책을 하거나 카페 같은 곳에서 그들과 마주하고 이야기를 나누는 일은 제 삶과 일에 활력소가 됩니다. 심리적인 안정감을 느끼지요. 가장 시간을 많이 보내는 장소 또는 심리적인 안정감을 찾을 수 있는 장소를 만드는 데 투자를 아끼지 마십시오. 아마 인생에서 꽤 유효한 투자가 될 것입니다.

다섯째,
몸과 대화하라

흔히 내면의 자신과 마주하라고 하면 정좌^{正坐}한 채 눈을 감고 조용히 있는 명상만을 떠올리기 쉽지만, 저는 사실 몸을 움직이는 것 역시 좋은 방법이라고 생각합니다. 자신과 마주하는 것은 안팎을 가리지 않습니다. 오히려 가만히 앉아서 하는 명상법이 낯설고 잡생각이 많이 들어 어렵게 느껴진다면, 몸을 움직이는 운동도 훌륭한 대안이 될 수 있습니다.

예컨대 '틀어박히는 힘'은 공원을 산책하거나 가벼운 조깅을 하면서도 기를 수 있습니다. 오른발을 내밀면서 '오른쪽, 오른쪽'하고 머릿속에 새길 수도 있고, 제 친구 중에는 불경을 머릿속으로 외우면서 조깅을 즐기는 사람도 있습니다. 잡념이 사라질 때까지 뛰어봅시다.

스트레칭과 반신욕도 또 다른 방법이 될 수 있습니다. 흔히 힘들다, 좋다 하는 감정들은 몸의 상태와도 밀접하게 연결되어 있습니다. 스트레칭이나 반신욕을 통해 온 몸의 긴장을 풀어주게 되면 자연스럽게 스트레스도 풀리면서 잡념도 사라집니다.

심지어 음식을 먹는 것도 마찬가지입니다. 어떤 음식이 내게 좋고, 또 나쁜지 우리는 몸의 변화에 집중함으로써 알 수 있습니다. 이 음식은 건강에 좋은 영양소가 있으니까, 이 음식은 칼로리가 높으니까 하는 식으로 음식을 고르지 말고, '내 몸'이 좋아하는 음식을 적당히 드세요. 속이 쓰리다거나 속이 부대낀다거나 하는 것은 몸이 신호를 보내는 것입니다. 우리는 몸이 보내는 신호를 잘 파악해야 합니다.

산책과 조깅, 스트레칭, 반신욕, 음식을 먹는 것. 일상생활의 모든 부분에서 몸이 보내는 신호에 귀 기울이고 대화하는 것. 그것 모두가 '틀어박히는 힘'을 기를 수 있는 좋은 방법들입니다. 몸과 마음은 다른 것이 아닙니다. 우리는 몸과의 대화를 통해서 내면 깊은 곳의 자신과 마주할 수 있습니다.

여섯째,
취미를 활용하라

일상생활이 힘들고 지치는 이유는 과도한 스트레스에 노출되어 있기 때문입니다. 따라서 우리가 편안하게 내면과 마주하기 위해서는 바로 이러한 스트레스를 줄이는 것부터 시작해야 합니다. 스트레스를 줄이기 위해서라면 다음과 같은 방법을 사용해도 좋습니다. 어린 시절 즐겨 읽었던 만화책이나 애니메이션을 본다든지, 프라모델을 조립한다든지, 노래방에 가서 혼자 소리를 지르며 노래를 부른다든지, 자연에 몸을 맡기는 일과 같은 모든 취미생활이 우리 마음을 다스리는 데 도움을 줍니다.

여러 사람과 함께 하는 취미를 가지는 것도 좋습니다. 하지만 취미는 어디까지나 내가 즐겁게 하고 고갈된 에너지를 충전하는 행위가 되어야지, 또 다른 스트레스를 받는 '일'이 되어서는 안 됩니다. 가끔씩은 누구의 눈치도 보지 않고 혼자서 마음껏 즐길 수 있는 취미에 시간을 투자하는 것이 좋습니다.

일곱째,
자신만을 위한 휴가를 가져라

저는 일 년에 두세 번, 며칠씩 누구와도 만나지 않고 저 자신만을 위한 휴가를 가집니다. 물론 저는 일반적인 회사원보다는 사람과 빈번하게 만나야 하는 일이 적습니다만, 다양한 사업을 하고 있기 때문에 세미나, 미팅, 회식 등으로 사람들과 만나야 할 때가 많습니다. 모두 즐거운 일이지만, 어느 순간 그저 일상 업무의 하나처럼 휘둘리게 될 수도 있지요. 그렇게 되면 자연히 일의 효율은 떨어지고 새로운 영감도 생기지 않게 됩니다.

저는 바로 그럴 때 휴가를 떠납니다. 흔히 휴가라고 하면

가족들과 함께 어딘가 먼 곳으로 여행을 가는 것을 떠올리기 쉽습니다. 저 역시 그런 시간을 보내기도 하지만, 여기서 말하는 휴가는 오로지 자신만을 위한 것입니다. 장소는 제 방이 될 때도 있고, 국내외 다른 곳이 될 수도 있습니다. 카루이자와輕井澤(나가노 현 남동부 아사마 산 기슭에 있는 피서지. 해발 1,000m의 고원지대에 위치해 여름에도 선선하며 이국적인 풍경을 자랑한다. 암벽, 탄산천, 용암 들판 등의 관광지가 있다)로 떠난 적도 있고, 다른 지역의 온천에 가기도 합니다. 며칠씩 다른 사람과 만나지 않을 때도 있고, 반대로 여러 사람과 어울릴 때도 있습니다. 중요한 것은 그 시간 동안에는 오로지 제가 좋아하는 것만을 한다는 것입니다. 그렇게 며칠씩 시간을 보내면 고갈되었던 에너지가 모두 충전되는 것을 느낍니다. 주말이나 휴일을 이용해 가끔씩 자기 자신에게 '휴가'를 주세요.

틀어박히는 힘은
새로운 도약이다

지금까지 '틀어박히는 힘'에 대해서 이야기를 나누었습니다. 한 가지 주의해주셨으면 하는 것은 '틀어박히는 힘'이 지향하는 바가 사회로부터 '도망가는 것'은 아니라는 것입니다. 흔히 사람을 '사회적인 동물'이라고 하는 것처럼, 우리는 타인과의 관계 없이는 잘 살아갈 수 없습니다. 하지만 오로지 타인과의 관계로만 이루어진 삶 역시 행복할 수는 없을 것입니다. 직장과 일상, 생활의 모든 부분이 너무도 촘촘하게 짜여 있는 현대사회의 많은 문제점은 바로 후자의 삶에 의해 정작 개개의 '나 자신'이 억압되어 있는 데 있습니다.

'틀어박히는 힘'의 목적은 바로 타인과의 관계에 과도하게 치중되어 있는 삶으로부터 자기 자신을 돌보는 시간을 되찾고, 삶의 균형을 맞추는 데 있습니다. 하루 24시간 중에서 단 몇 분이라도 정말 내가 하고 싶은 일을 하고 휴식을 취할 수 있는 '틀어박히는' 시간을 갖자는 것입니다. 때로는 아무 생각도 하지 않고 오로지 자신만을 위해 휴식을 취하고 시간을 보내는 것만으로도, 놀라울 만큼 창의적인 생각이 나오기도 하고, 고단한 일상을 살아갈 에너지를 되찾게 됩니다.

아마 이 책을 읽는 분 중에는 '인간관계의 부담을 털어버려라'라는 말에 깜짝 놀라실 분도 있을 겁니다. 아마 제 친구나 지인 중에서도 서운함을 표명하실 분도 계실 수 있겠지요. 하지만 제가 전하고 싶은 메시지의 방점은 무조건 인간관계를 끊거나 맺지 말라는 것이 아닙니다. 중요한 것은 인간관계를 맺고 유지하고 끊는 주체가 '나 자신'이라는 점입니다. 인간관계란 결국 '내'가 행복하고 즐겁기 위해서 지속하는 것이지, 부담이 되고 스트레스를 받으면서까지 반드시 유지해야만 하는 절대적인 것은 아닙니다. 실제 관계에 있어서도 내가 정말 행복할 때 상대와의 관계 역시 즐겁게 유지할 수 있는 것이죠.

　사람과 관계를 맺는 것과 혼자 있는 것, 사람에게는 이 모두가 필요합니다. 저는 사람과 사귀는 것뿐만 아니라 혼자 있음으로써 많은 것을 깨닫게 되었습니다. 콤플렉스나 부정적인 체험이 오히려 인간관계의 본질이나 '틀어박히는 힘'의 중요성을 일깨워준 것입니다. 굳이 남에게 잘 보이고 관계를 이어나가기 위해 스트레스 받을 필요 없습니다. 오히려 어깨에 힘을 빼고 자연스럽게 대하게 될 때, 상대 역시 저에게 편안함을 느끼게 되고 좋은 관계를 유지할 수 있습니다.

　저는 사람을 좋아합니다. 지금도 낯을 조금 가리기는 하지만 말이죠. 하지만 저는 주변이 뭐라고 하든 '일반적'인 가치관에 휘둘리는 일 없이 제 자신과의 대화를 최우선으로 중시하면서 주변과 관계를 맺습니다. 때때로 저 자신에게 몰두하는 시간, 즉 '틀어박히는 시간'을 갖기도 하지요. 제 삶의 중심에 외부의 가치관이나 시선이 아닌 저 자신을 두게 되자, 스트레스가 없어지고 하루하루를 충실하고 즐겁게 보낼 수 있게 되었습니다.

직장에 다닐 많은 분들은 '내 안에 틀어박힐 시간도 여유도 없다'고 말할 수도 있겠습니다. 아마 여유를 찾기 어려운 데에는 시간적, 재정적인 요인도 크겠지요. 시간적인 요인에 있어서는 위에서 다루었다시피 하루에 단 몇십 분, 아니 몇 분, 몇십 초라도 상관없습니다. 중요한 것은 그 시간 동안만큼은 충실하게 자기 자신에게만 몰두하는 것이지요.

물질적인 요인에 있어서는 저 역시 완전히 상반되는 두 가지 경험을 모두 했습니다. 유년시절부터 빚더미에 올라 극도의 가난도 경험해보았고, 지금은 물질적인 풍요를 누리고 있습니다. 일반화하는 것이 어려울 수도 있겠지만, 제가 중요하게 깨달은 것은 물질적인 요인 역시 행복한 삶을 꾸려나가기 위한 일부의 요소에 불과하다는 점입니다. 지나치게 물질적인 요소에만 매달려 정작 행복을 잃어버리게 된다면, 하루하루의 일상은 의미를 찾을 수 없을 것입니다. 명심하세요. 당신 삶에서 행복의 기준을 정할 수 있는 것은 오직 당신 자신뿐이라는 것을.

지금까지 저와 그리고 '당신 자신'과 대화를 계속해주셔서 감사합니다. 지금 저에게는 제가 무척 아끼고 사랑하는 벗들이 많이 있습니다. 이들과의 관계는 '틀어박히는 힘'을 통해 오히려 더욱 공고해졌고, 행복하게 유지될 수 있었습니다. 제가 진심으로 대하기 때문에, 그들로부터 같은 대접을 받고 있는 것이죠.

마지막으로 작년에 돌아가신 부모님, 그리고 같은 해에 제 가족이 되어준 아내와 딸에게 사랑한다고 감사한다고 전하고 싶습니다.

정말 감사합니다.

틀어박히는 힘

초판 1쇄 발행 2015년 7월 27일

지은이 —— 이치무라 요시나리
옮긴이 —— 편설란

펴낸이 —— 최용범
펴낸곳 —— 페이퍼로드
출판등록 —— 제10-2427호(2002년 8월 7일)
　　　　　　서울시 마포구 연남로3길 72(연남동 563-10번지 2층)

이메일 —— book@paperroad.net
홈페이지 —— www.paperroad.net
커뮤니티 —— blog.naver.com/paperroad
Tel (02)326-0328, 6387-2341 | Fax (02)335-0334

ISBN 979-11-86256-06-0 (03190)